DISCLAIMER

The author and publisher are providing this book and its contents on an "as is" basis and make no representations or warranties of any kind with respect to this book or its contents. The author and publisher disclaim all such representations and warranties, including but not limited to warranties of merchantability. In addition, the author and publisher do not represent or warrant that the information accessible via this book is accurate, complete, or current.

Except as specifically stated in this book, neither the author nor publisher, nor any authors, contributors, or other representatives will be liable for damages arising out of or in connection with the use of this book. This is a comprehensive limitation of liability that applies to all damages of any kind, including (without limitation) compensatory; direct, indirect, or consequential damages; loss of data, income, or profit; loss of or damage to property; and claims of third parties.

Extra Graphic Material From: www.freepik.com
Thanks to: Alekksall, Starline, Pch.vector, Rawpixel.com, Vectorpocket, Dgim-studio, Upklyak, Macrovector, Stockgiu, Pikisuperstar & Freepik.com Designers

This Book Comes With Free Bonus Puzzles
Available Here:

BestActivityBooks.com/WSBONUS20

5 TIPS TO START!

1) HOW TO SOLVE

The Puzzles are in a Classic Format:

- Words are hidden without breaks (no spaces, dashes, ...)
- Orientation: Forward & Backward, Up & Down or
  in Diagonal (can be in both directions)
- Words can overlap or cross each other

2) ACTIVE LEARNING

To encourage learning actively, a space is provided next to each word to write down the translation. The **DICTIONARY** allows you to verify and expand your knowledge. You can look up and write down each translation, find the words in the Puzzle then add them to your vocabulary!

3) TAG YOUR WORDS

Have you tried using a tag system? For example, you could mark the words which have been difficult to find with a cross, the ones you loved with a star, new words with a triangle, rare words with a diamond and so on...

4) ORGANIZE YOUR LEARNING

We also offer a convenient **NOTEBOOK** at the end of this edition. Whether on vacation, travelling or at home, you can easily organize your new knowledge without needing a second notebook!

5) FINISHED?

Go to the bonus section: **MONSTER CHALLENGE** to find a free game offered at the end of this edition!

Want more fun and learning activities? It's **Fast and Simple!**
An entire Game Book Collection just **one click away!**

Find your next challenge at:

BestActivityBooks.com/MyNextWordSearch

Ready, Set... Go!

Did you know there are around 7,000 different languages in the world? Words are precious.

We love languages and have been working hard to make the highest quality books for you. Our ingredients?

A selection of indispensable learning themes, three big slices of fun, then we add a spoonful of difficult words and a pinch of rare ones. We serve them up with care and a maximum of delight so you can solve the best word games and have fun learning!

Your feedback is essential. You can be an active participant in the success of this book by leaving us a review. Tell us what you liked most in this edition!

Here is a short link which will take you to your order page.

BestBooksActivity.com/Review50

Thanks for your help and enjoy the Game!

Linguas Classics Team

1 - Food #1

```
A A R D B E I F K O A R N M
W B B A S I L O Q A M L U V
Z P R J F T V S P I N A Z Y
W B S I P E L I Y S E I V N
P T Z V K D P E A N U T E L
U A C O W O R T E L T Q K L
H L R B K S A S Û K E R G S
G T U R N I P S Â L T O F U
T U N A O T T A H E S W B X
G E E K F R O L T W M B J G
N Z O G L O A A Q S O P B T
E J Y F I E P D X T L H B C
D X K R K N V M Z H K H R A
A P J P E I O B Q K E G C C
```

ABRIKOAS	PEANUT
KOARN	PAR
BASIL	SALAD
WORTEL	SÂLT
KANIEL	SPINAZY
KNOFLIK	AARDBEI
SOP	SÛKER
SITROEN	TOFU
MOLKE	TUNA
SIPEL	TURNIP

2 - Castles

```
T O E R Z B C A T A P U L T
C A D R Y H R Z C X R A I F
M P E E R U I V J F X F R X
D O L W U X R F K W H V I G
U P A L E I S W E A Y N D F
P A R T J D N K N U N U D E
R M M Q B G J Z I T D K E S
I O O W M N M S N D E A R T
N D R A A K Y L K X R S L I
S E M P I R E X R T M E R N
E W P B M H R S Y D N M G G
S G U F V Z R X K R O A N U
S P P R I N S Z M U O R R E
E F C M D Y N A S T Y F F K
```

ARMOR
CATAPULT
KROAN
DRAAK
DYNASTY
EMPIRE
FEUDAL
FESTING
HYNDER
KENINKRYK

RIDDER
MOAT
EDEL
PALEIS
PRINS
PRINSESSE
SWURD
TOER
MUORRE

3 - Exploration

```
T O M O E D Z N L X R Ú T X
T E P S P H W A R O E T Y T
D O R F E T Q Y Û T I P Y Q
Û J Z R W Y L D M F Z U W E
N V J J E Y D Y T I G T I Z
T W Z O M I F I E R J T Y U
D I E R E N N C F P E I J Z
E A K T I V I T E I T N S O
K N K U L T U E R E N G P G
K X I E B S A I N V U U T C
I R G J R L W A Y G D F E E
N I W D S U H V L O W R K H
G L E A R E Û N B E K E N D
F A S T S T E L L I N G C J
```

AKTIVITEIT	TAAL
DIEREN	NIJ
MOED	RÛMTE
KULTUEREN	TERREIN
FASTSTELLING	LEARE
ÛNTDEKKING	REIZGJE
FIER	ÛNBEKEND
ÚTPUTTING	WYLD

4 - Measurements

```
K W A R T I O J J G H D P M
K L F L V M I N Ú T A E F H
I I O W S S N H W Q A S K O
L N L H H J C M G P U I I U
O G U O W Q H G L M X M M N
M T M L G E W I C H T A I C
E E E W I R H F M S A A S E
T B N I D T A Y Y V S L X O
E Y Q D D A E M A H G S V Q
R T T J Q R G R A A D R F I
T E H I C H T E I V R N A Y
O B O P L V C F A F F K X M
N L F T S I N T I M E T E R
B L M E T E R R B C H L H C
```

BYTE
SINTIMETER
DESIMAAL
GRAAD
DJIPTE
GRAM
HICHTE
INCH
KILOGRAM
KILOMETER

LINGTE
LITER
MIS
METER
MINÚT
OUNCE
KWART
TON
FOLUME
GEWICHT

5 - Farm #2

```
H E S T G T G N U S E S C C
E E D R R R W V Y P W K L S
R N L Y I B E B A R N I A T
D D H P E L E I T E N E A T
E K C P N L T A D O J P M Y
R B D D T H B T R E K K E R
S S S N E J I B M M C J H R
K I L G H M W J Y Y K H Y I
B U W Z W Z N Q D H O E Q G
P D I E R E N Ô C Q L N M A
L L A M A U N B T T H O O A
F R U I T L X K O A R N L S
G T P L J J T C L E E D K J
J A R S S J T C R H R G E E
```

DIEREN
KOARN
BARN
NÔT
EEND
BOER
ITEN
FRUIT
YRRIGAASJE
LAAM

LLAMA
GREIDE
MOLKE
RYP
SKIEP
HERDER
TREKKER
GRIENTE
WEET

6 - Books

```
J I D U A L I T E I T R J L
J N R E L E V A N T D S P I
V V A V E N T O E R P U L T
G E D I C H T R O M A N Y E
F N H U M O R I S T Y S K R
E T S H S E A R J E S I X Y
R I T K I S K R E A U N L K
H E R O R S S A M L I N G U
A F A N O I T Q G Z Ê O P G
A Y G T M M U O I W Q Z I I
L I Y E B J Q W R Z H O E Q
I U S K S I D E E Y U J W R
N Z K S G E R K G R K J T R
F O R T E L L E R P O Ë Z Y
```

AVENTOER	ROMAN
SKRIUWER	SIDE
SAMLING	GEDICHT
KONTEKST	POËZY
DUALITEIT	LÊZER
HISTORYK	RELEVANT
HUMORISTYSK	SEARJE
INVENTIEF	FERHAAL
LITERYK	TRAGYSK
FORTELLER	SKREAUN

7 - Meditation

```
O D Y V R A G K J T K S N G
O A N D A C H T A C A T D R
L E A R E K P J D L O I A A
D Ú D L I K E N S T M L K T
I V J A W C R M G D W T S I
B E G R U T S J E N K E E T
B M T R P M P E A I N W P U
R E Z A P U E M S J A E T D
E T W M A Z K O T W T K A E
A J I E Z Y T S X F U K A K
D G H N G K Y J O R E E S R
I S K T D I F E M E R R J U
N F H A U E N S F D D W E W
G I C L Q P N G U E Q M I L
```

AKSEPTAASJE
OANDACHT
WEKKER
READING
KALM
DÚDLIKENS
BEGRUTSJEN
EMOSJES
GRATITUDE
MENTAL

GEAST
BEWEGING
MUZYK
NATUER
FREDE
PERSPEKTYF
STILTE
TINDEN
LEARE

8 - Days and Months

```
A P R I L O B B C G O F C F
Y U X T O N G E R S D E I F
N C G W O A N S D E I B H U
O P D U J A N N E W A R I S
V Y R V S M O A N N E E F N
I M S O K T O B E R A W R E
M I I N V Z U L X L B A E I
B J I E R H B S T R S R E N
E U S P E T I M B E R I D L
R L W K A L I N D E R S K K
V Y I I T I I S D E I X Q Y
Z P O V K O I M A A R T D P
S N E O N E M O A N D E I T
B Q O N N U F L N D S E L G
```

APRIL   NOVIMBER
AUGUSTUS   OKTOBER
KALINDER   SNEON
FEBREWARIS   SPETIMBER
FREED   SNEIN
JANNEWARIS   TONGERSDEI
JULY   TIISDEI
MAART   WOANSDEI
MOANDEI   WIKE
MOANNE   JIER

9 - Chess

```
L K W W E D S T R I J D T X
M L K E N I N G Y M Z D W W
C G P I D K A M P I O E N I
M T W N U S W A R T M D P W
J C B H K J T O E R N O A I
S O P O F F E R I N G S S W
P P I F E X W Y I H Q T S Y
U X I W W C P S Q I B R Y T
N Y O L Z X K T P C D A F P
T A O E E S M I X C H T N L
E M N A E R M I R E G E L S
N B N R B F P D I Q L G Y X
K B N E A Q B T M U A Y X X
D I A G O N A L X L Y K F T
```

SWART
KAMPIOEN
WEDSTRIJD
DIAGONAL
WEDSTRIID
KENING
PASSYF
SPILER

PUNTEN
REGELS
OPOFFERING
STRATEGY
TIID
LEARE
TOERNOAI
WYT

10 - Food #2

```
K W D N J V B S A P P E L M
V E T P O A R E P W I C F U
F E R H G N O L H I O J C S
U T Z S U T K D R Ú F A E H
J S A D R Y K E G A S A U R
J I T U T M O R B L A D P O
R I H F P L L I N U Z T V O
Y S A A I L I J P W W Z S M
J G M S I S A R Y S Q B W H
H W N Y H I K N S R L M O B
V F A H F E J E T O M A A T
A R T I S J O K Y Q R P U I
J B A N A A N A C B H Z M U
K I W I S Û K E L A D E H B
```

APPEL	AUPLANT
ARTISJOK	FISK
BANAAN	DRÚF
BROKKOLI	HAM
SELDERIJ	KIWI
TSIIS	MUSHROOM
KERS	RYS
HIN	TOMAAT
SÛKELADE	WEET
AAI	JOGURT

11 - Family

```
P N G D S M U O I K E M K S
A X N I F O A R Â L D E R G
K V O R S U S T E R R M K Z
E V E R L O M K E S I Z Z E
D O C H T E R T J R F B U P
K P N B N N O A J S N T F A
L Q A D I B C U D X Z A N K
E R Y T G Y P B E R N H L E
I O M K E S I Z Z E R H V S
N H F I H R P V O G C B R I
B N R Q J E N H B R O E R Z
E I O U P P I A M A N Z T Z
I J U R K C Z T L K D R D E
N E I F V T O M K E V J V R
```

FOARÂLDER	MAN
MUOIKE	MATERNAL
BROER	MEM
BERN	OMKESIZZER
OMKESIZZE	NIJE
DOCHTER	PATERNAL
HEIT	SUSTER
KLEINBEIN	OMKE
PAKE	FROU
PAKESIZZER	

12 - Farm #1

```
S F W F J I L D C Z N C L K
E S H U N I N G C R O W E O
E R Û Y Y P F P P R M X H W
D X N M N H Z H E A L Q P E
S T E K Z D Q V U I W S R T
S W Z A I K E A L B E E Y T
T C E M R I P R K D D O S E
A V L Â N B O U W I W S B R
L L O N Z J S L R R E G O X
N P M V S R N I F J U P Y F
G K A T Z O F W C L V O H G
L E E S V T B F O X O U I L
O L I C L C Q E V V B C N S
F E R T I L I Z E R Q P K F
```

LÂNBOU	FERTILIZER
BEE	FJILD
KEAL	FLOCK
KAT	GEIT
HIN	HEA
KO	HUNING
CROW	HYNDER
HÛN	RYS
EZEL	SEEDS
STEK	WETTER

13 - Camping

```
R B I W Y M H M U N A A L K
B E X I Â H M N P A M T A A
F R P N Q L P M W T J Z A B
G C B R X M D R I U A K J I
T H A M M O C K L E C U T N
O I F V B A C I L R H E Q E
U B N U T N A V E N T O E R
A N S T Y N S E K T D W A J
T T S C E E X R J U H J P F
K O M P A S O N K P O Y S O
A K J A F J O E R D E J T H
N M F V R B E M E N D Z C I
O V H X A Q D I E R E N M J
H D U Y N O M A P X F X E A
```

AVENTOER	JACHT
DIEREN	YNSEKT
KABINE	MAR
KANO	MAP
KOMPAS	MOANNE
FJOER	BERCH
WÂLD	NATUER
WILLE	TOU
HAMMOCK	TINTE
HOED	BEMEN

14 - Conservation

```
W Q R K F S S W U H X K O B
E O E L E N Û O R M Z X P I
T N K I R A X N A O G E L O
T A O M O E D Q E R C G I L
E T S A A O W U Q N C F E O
R U Y A R H L J O E S H D G
P E S T I S I D M R U A I I
E R T R N G R I E N S R N S
E L E N G F M I L I E U G K
Y I M Y S Y K L U S Y A M M
O K F R I J W I L L I G E R
F E R S M O A R G I N G P N
Y F E R M I N D E R J E K S
B V A E N P N A U I P V F Y
```

FEROARINGS   NATUERLIK
KLIMAAT   BIOLOGISK
SOARCH   PESTISID
SYKLUS   FERSMOARGING
EKOSYSTEM   FERMINDERJE
OPLIEDING   DUORSUM
MILIEU   FRIJWILLIGER
GRIEN   WETTER
SÛNENS

15 - Cats

```
U N Y I P L Y J Y Z X L H Q
N N K H E O Y A A W T N F R
D C T K L R W V S G Y H O A
K Q L F S F R M C L E L F Q
F L U C H A S T O Y Y R D M
N U G E R J O C H T C U X X
G R A P P I C H R S J E L G
O R A E B R Q E N L S K B J
Z G U Y V Q R S G I Z Q M Q
F W G A W U G W O E M Û S Q
S T U R T O W Q M P K M W H
A P Û N Ô F H I N K L I K J
S A M J F T Z P T E J U R O
O W I K B K G P R X U P B D
```

GEK
NUGERJOCHT
FLUCH
GRAPPICH
PELS
JAGER
ÛNÔFHINKLIK

LYTS
MÛS
PAW
SLIEP
STURT
WYLD
YARN

16 - Numbers

```
T A F T W E I N T I C H T S
A C J K T R E T T J I N R E
C H I B P S N P Q S C D I C
H T R E M F J I E R I J J H
T T U N G O E U E I E E T
P J J I W G G N R U H I N J
S I I V I P G S E I S G G I
S N N F C D E S I M A A L N
O A F I I F N J O G G E N D
K G N T W A T A P Z H Q W A
E R X T C V J N T O L V E W
T J T L J W I F G X H R B O
F Y F T J I N J M N G J E Y
P V F A M K N G Z R H M E K
```

DESIMAAL

ACHT

ACHTTJIN

FYFTJIN

FIIF

FJIER

FJIRTJIN

NJOGGEN

NJOGGENTJIN

IEN

SJAN

SANTJIN

SEIS

SECHTJIN

TSIEN

TRETTJIN

TRIJE

TOLVE

TWEINTICH

TWA

17 - Spices

```
V A N I L L A K K O M Y N B
M H K L I X C A K U F Q I I
U Q E H P X U N R G A O L T
P A P R I K A I N O K D O T
B Q H D S T K E C U R R Y E
K L E I N A P L E W T S X R
T O A N I S I P E L U M E W
U Q R N I E P I U J J A E I
Y Z G I N G E R E U E A T G
K R G P A U R U C N B K X E
S W I E T N S A F F R O N C
D Â A W S F D K N O F L I K
J Q L L E X F E N N E L R G
Z H J T Y I K A R D E M O M
```

ANIS	KNOFLIK
BITTER	GINGER
KARDEMOM	NUTMEG
KANIEL	SIPEL
KLEIN	PAPRIKA
KORIANDER	PIPER
KOMYN	SAFFRON
CURRY	SÂLT
FENNEL	SWIET
SMAAK	VANILLA

18 - Mammals

```
M U H G L D N K B E K M K W
O H G F S Z W C A A P T A A
Q E I Z D C O Y O T E H N L
W D O L F Y N S K I E P G F
G O A L J E F A N T Z A A I
O B L S J I R A F F E W R S
R H E F O K S E F L B Z O K
I Y U A J U J O M N R O P A
L N E D V B O L L E A L T P
L D Z E O E E W Z L I U W B
A E E H A A R K N Y N G B T
E R D Z M R H J I Y F U J W
M J Z V T B Û G P O P B O X
P I A T T E N J T S S D W I
```

BEAR
BEAVER
BOLLE
KAT
COYOTE
HÛN
DOLFYN
OALJEFANT
FOKSE
SJIRAFFE

GORILLA
HYNDER
KANGARO
LIUW
AAP
KNYN
SKIEP
WALFISK
WOLF
ZEBRA

19 - Fishing

```
L  I  H  B  W  W  H  J  N  A  Z  I  F  Z
W  G  L  H  N  O  K  V  G  W  C  P  I  A
U  E  O  S  E  A  A  N  A  A  B  D  N  B
B  D  T  E  F  Q  W  I  I  B  A  F  N  Q
O  U  G  T  I  G  J  O  W  J  L  C  E  B
A  L  I  I  E  S  E  I  Z  O  E  N  N  W
T  D  U  A  L  R  N  D  Y  L  H  A  A  S
X  G  G  Z  O  L  U  U  Y  I  V  W  S  J
L  O  N  V  S  A  E  K  O  E  R  I  S  A
P  F  M  V  N  Q  C  N  A  Y  F  R  V  W
B  P  I  A  G  E  W  I  C  H  T  H  T  U
P  M  S  T  R  Â  N  Z  F  X  P  O  E  G
R  I  V  I  E  R  W  M  M  X  M  E  U  T
S  M  J  J  F  S  T  Z  J  O  C  K  O  K
```

AAS	JAW
KOER	MAR
STRÂN	OSEAAN
BOAT	GEDULD
KOK	RIVIER
FINNEN	SEIZOEN
GILLEN	WETTER
HOEK	GEWICHT

20 - Restaurant #1

```
Z X Q H F S L G N Q G U D D
A P A I M L R N S K Q J W E
L M I N R I E X P O M L P S
L P L A A T S I Z M R C U S
E C Z C D S E Q S D E F L E
R J E H V C R K O K E N P R
G E D H N L V O X T C S U T
Y B Ô L E U A F K M H U J T
J R B L I O A J A I T E N S
A A B E P Y T E O V F B L E
X H W P B I N Z J F Z B C R
B X H D M E S A U S M Z M V
C N V Y D N N C T B W H R E
K E L N E R N E Y R P R G T
```

ALLERGY
KOM
BÔLE
HIN
KOFJE
DESSERT
ITEN
KOKEN
MES

FLEIS
MENU
SERVET
PLAAT
RESERVAAT
SAUS
PISCY
KELNERNE

21 - Bees

```
P E K O S Y S T E M B I B Q
G I E O I G N N G W L K E R
E E T U N A G S L A O K N D
H C M X N N Y M E A E E E T
H B L O E M E N Z K M N F Ú
U U B I M M E C Q S T I I N
J V N E B P G V V E F N S U
U R A I S L K A H X Q G I L
L P L A N T E N L A T I E W
Q L U F Y G U I T E N N L F
O I B M O H M V R V R N R R
F E O I B A E K E O T E E U
H P M P O L L E N R N I E I
D I V E R S I T E I T F K T
```

BENEFISIEL	YNSEKT
BLOEM	PLANTEN
DIVERSITEIT	POLLEN
EKOSYSTEM	BESTUVER
BLOEMEN	KENINGINNE
ITEN	REEK
FRUIT	SINNE
TÚN	WAAKS
HUNING	

22 - Sports

```
B P Y C G S W B E F A T G P
U L Q G Y M N A S I U M O V
W O E B Y U Z S B H F Y L P
I E K S H O C K E Y J Y F U
N C D F G S O E W M G F T X
N H O S Q B A T E N N I S S
E O Q E T M C B G J Y R W J
R C U W C R H A I V S C E H
A T L E E T I L N J C J X R
S T A D I U M I G W M D X O
H O N K B A L C D U L V E C
S P I L E R Q C N H P Q Z R
K A M P I O E N S K I P E L
G Y M N A S T I K A B E R W
```

ATLEET	GYMNASTIK
HONKBAL	HOCKEY
BASKETBAL	BEWEGING
FYTS	SPILER
KAMPIOENSKIP	STADIUM
COACH	PLOECH
WEDSTRIID	TENNIS
GOLF	WINNER
GYMNASIUM	

23 - Weather

```
T W R B J G I F S I I P R W
O O D R O E C H T E I O E J
N L R K M T M I O R S L I E
G K K N L D T M A H P A N R
E E A B A I Q E R P R R B L
R T L P T D M L M J X E Ô J
A R M I M M O A H C P A G O
G O X B O D E V A B E M E C
T P L Z S Z K S N T Q S U H
W Y N K F M O O N S O O N T
K S L E E D R O E C H O K O
I K G A A F M S O U E G N R
K K K A R B O K M Y Y K I S
O R K A A N S G M I H E X U
```

ATMOSFEAR   MOONSOON
KALM   POLAR
KLIMAAT   REINBÔGE
WOLK   HIMEL
DROECHTE   STOARM
DROECH   TONGER
FOG   TORNADO
ORKAAN   TROPYSK
IIS   WYN
WJERLJOCHT

24 - Adventure

```
F R E U G D E W K K Â N S F
S G E L E G E N H E I D W E
A K T I V I T E I T U F I I
N C I M Z L X M P A B E E L
R A M E R E L A E R E R R I
J I T Z N Y N D P I S R R C
H P Z U S T N I J E T A I H
L I O X E G M B S D I S C H
S X Y N W R Y E O I M S H E
G E F A A R L I K N M E H I
E K S K U R Z J E G I N E D
N A V I G A A S J E N D I W
Y S I N N L Q D A V G U D Z
R E I S R E I S J Q A K O X
```

AKTIVITEIT
SKIENTME
KÂNS
GEFAARLIK
BESTIMMING
SWIERRICHHEID
EKSKURZJE
REISREIS
FREUGDE

NATUER
NAVIGAASJE
NIJ
GELEGENHEID
TARIEDING
FEILICHHEID
FERRASSEND
REIZEN

25 - Circus

```
M Z T D I E R E N S Z A V C
P V I Q V A E S T H V G A D
N H N T I G E R P O B A S P
C L T G W K L J N W U D J Q
S P E K T A K U L Ê R O O N
M H C D G C P G G K Z A U X
M U X V C R R G O U T L W P
I A Z A W O B L C S U J E A
M F G Y Y B Y E D I H E R K
H L H I K A H R Q M Z F N Y
O K M Y C T J Z E B J A W S
L I U W M K O S T Ú M N L E
T S J O E N D E R Z W T G K
E B A L L O N S G F R U D Y
```

ACROBAT	TSJOENDER
DIEREN	AAP
BALLONS	MUZYK
KOSTÚM	SHOW
OALJEFANT	SPEKTAKULÊR
JUGGLER	SJOUWER
LIUW	TINTE
MAGIC	TIGER

26 - Tools

```
H J M O J O I N D N W Q H F
Z H G X R B I L K I L I O E
D A H W P F E K J E N O E N
G C S K R O E F Q T L U K L
I I S H B T J G F M H W S B
O B D A M J V S A A Y P T O
N V J L K P Z K K K O M K A
B T G W Z M B J K E S L K Y
N L O F S P L I E R S J A D
O K K U G E Y R L G G I B Y
B K J X F C M R M E S E E M
P Y W H A M M E R Z M R L W
H E A R S K E R O A Z J J K
H A W M P K N S O Q H W I D
```

BILE   TOU
KABEL   HEARSKER
LYM   SKJIRRE
HAMMER   SKROEF
MES   NIETMAKER
LJIER   FAKKEL
PLIERS   WIEL

27 - Restaurant #2

```
C D W F F K Q S Â L T R F S
A R F J V I T E N L S W O A
K A R B O O Y P M S Z N A L
E N U R V N B W H B U F R E
G K I X W J H E A R L I K R
D R T B I E S B R R E S E X
Y G O Q E S O V Z Z P K R S
R R V E E Z P F A P P T B L
P I C H N U F Q X N E N G X
I P I E H T V H C U L W Y P
N I J I V H E W E T T E R M
I Z S T O E L N H N T T S D
L U N C H D G W Z Q O X G C
Z T G L L G G X I Z L U J W
```

DRANK
CAKE
STOEL
HEARLIK
ITEN
FISK
FOARKE
FRUIT
IIS

LUNCH
SALE
SÂLT
SOP
LEPPEL
GROENTEN
OBER
WETTER

28 - Geology

```
G F M U K C A V E R N K M S
E U A I E R O S J E R W T T
Y L D R N H I K O R A A L I
S K Z X E E X S A U K R N E
E A C X V O R U T L G T H N
R A J X I V P A P A S S K Q
F N A E R J U M L N L I G S
O R V P N D N H A E J L U S
S T A L A G M I T E N A E M
S G N Z S K G J E E E A X N
Y T E S X M J L A V A C I D
L H Z Â W L N Q U U Q H O C
S T A L A C T I T E O H S K
K O N T I N I N T T B J U G
```

ACID
KALSIUM
CAVERN
KONTININT
KORAAL
KRISTALLEN
EROSJE
FOSSYL
GEYSER
LAVA

LAACH
MINERALEN
PLATEAU
KWARTS
SÂLT
STALACTITE
STALAGMITEN
STIEN
FULKAAN

29 - House

```
D J M Y B R S K Y A K F D O
O S F Q Z Y T O E V T Ú N V
A P D Û S E O K Z L V T N H
R E D L K S O E V J D M I K
E G Z A S X K N S Q I E H C
B E U D K F P N T G J U R F
T L Y G V F L I E R G B Z I
Z A F X Y F A L K F E I C N
E C E Z N K K A J B R L L S
K E A M E R D M K R D Ê L T
S L M G J N W P P O I R S E
G A R A A Z J E M O N S C R
R J M M U O R R E M E Y K W
B I B L I O T E E K N X T C
```

ATTIC
KELDER
BROOM
GERDINEN
DOAR
STEK
STOOKPLAK
FLIER
MEUBILÊR
GARAAZJE

TÚN
KOKEN
LAMPE
BIBLIOTEEK
SPEGEL
DAK
KEAMER
DÛS
MUORRE
FINSTER

30 - Bathroom

```
P H N M H U F R U S P Û N S
A V A D H C D J C J K R O K
R P K N F K T Z S I N K E J
F B R S D Û S J Y P B A J I
U O A U H D A T W P O P I R
M B A D L A O F W E T T E R
E B N T Z I M E H Ú S K E E
Q E U Z M E H P K G G P A M
Y L S L O Z G L O T I O N S
X S M T C K Q V C O X Ĥ P P
E N N P L V F E E G I O K E
R A O B W V Z S E V D U O G
W X U B U M Q Y F W C X S E
R R D W A U C A K A E Y W L
```

BAD	DÛS
BOBBELS	SINKE
KRAAN	SJIPPE
LOTION	SPÛNS
SPEGEL	HÚSKE
PARFUME	HANDDOEK
SKJIRRE	WETTER
SHAMPOO	

31 - School #1

```
K P O A T L E A D L B A A D
J L U N C H K M F O I B N H
Û P A P I E R S E T B Y T L
N O L S X V P T I B L H W S
D T F U K Q C O J M I W O B
E V A T K A M E J V O I O R
R H B L I F M L U N T L R N
W L E M B F G E H B E L D R
I E T A Y H I K R U E E E F
Z A H P B E J S X R K W N R
E R N P X E K A B O E K E N
R E D E S I U M K G C P J I
H X A N Z J J E J U Q L I A
H C S T U C X N S D D N D A
```

ALFABET	WILLE
ANTWOORDEN	BIBLIOTEEK
BOEKEN	LUNCH
STOEL	PAPIER
KLASKAMER	POATLEAD
BURO	ÛNDERWIZER
EKSAMEN	LEARE
MAPPEN	

32 - Dance

```
T R A D I S J O N E E L X K
L V B E W E G I N G M V H O
G B B X Z B G R A A S J E M
K F D K O R E O G R A F Y P
L I C H E M N K I I H J K A
A S F N J U A H N H A N U N
S U M I O Z N A A J U V L J
S E C Q E P O S T U E R T O
Y E F C Z R U P T Z N S U N
K L O N D V L R I R M N R L
A K A D E M Y I D I H D E H
M U Z Y K K F N N T I Q E W
E M O A S J E G D M P M L Q
K U L T U E R E W E G T Q V
```

AKADEMY
KEUNST
LICHEM
KOREOGRAFY
KLASSYK
KULTUREEL
KULTUER
EMOASJE
GRAASJE

SPRINGE
BEWEGING
MUZYK
KOMPANJON
POSTUER
RITME
TRADISJONEEL
FISUEEL

33 - Colors

```
P X F C Z O Y Y S X R U K S
C E C R U G R Z O M B Z S Y
B E A H P K R I A H W J U A
S G O R A N J E T W L A O N
U R M Ô S N B R Ú N Z L H A
Q D B Z W R S L E D X I D O
I F D E A M E O A Y F W T G
D P Q M R B V A X U U M Q R
K V S H T E W C D C C J I I
F Z E I F I O L E T H M N I
S S X B S G R I E N S E N S
D L L U P E W J A G I E L W
R U M M F B Y H X T A W K M
T J S S Q P T W F B M E W B
```

BEIGE
SWART
BLAU
BRÚN
SYAN
FUCHSIA
GRIEN
GRIIS

ORANJE
RÔZE
PEARS
READ
FIOLET
WYT
GIEL

34 - Climbing

```
S V Q K C A M H G X I Q Z K
N T N L I C H A A M L I K U
V D E M A P A Q Z N C S Q R
T E R R E I N A U U P T A I
A F M G K I S U I N F A T O
S T E G L T J V P O O B R S
Z R M R E V E M B L H I E I
L X L O W I S L H V I L N T
Z Q Z T S Û H E L M C I I E
E J G K V F N R T U H T N I
D J H C K Y E I J R T E G T
O T S R P W K A N Y E I I P
U A Q F C N S Q R G Q T X I
S A A K K U N D I G E W W A
```

HICHTE	MAP
ATMOSFEAR	NAU
GROT	LICHAAMLIK
KURIOSITEIT	STABILITEIT
SAAKKUNDIGE	STERKTE
HANSJES	TERREIN
HELM	TRENING
FERWÛNING	

35 - Shapes

```
Q S Q M C N A R C D R X B E
N J A Y Y V F A X R E P J L
G F X G H J E N K I C S H L
P B O C H T I T E E T Y S I
P O X X A Y O E G H A J M P
U I L W A M P N E O N H C S
H I R Y N G U E L E G O U E
C Y B A G G S R K L E B U O
O J A H M O J Z G B E K E S
V K X U I N R K Y O E K I
A R S N L E D T N P C L U R
A R I G E L U E T X F B A K
L T D L F S Y L I N D E R E
K A E T P R I S M N A I A L
```

ARC	HYPERBOLA
SIRKEL	RIGEL
KEGEL	OVAAL
HOEKE	POLYGON
CUBE	PRISM
BOCHT	PIRAMIDE
SYLINDER	RECTANGLE
RANTEN	SIDE
ELLIPSE	DRIEHOEK

36 - Scientific Disciplines

```
N M G J H S B Z Q K D P S D
B E R Q U I O O E I A B O A
I G U L H T T O K N Z P S N
O A Z R S A A L O E M S I A
C N G G O A N O L S I Y O T
H I B E K L Y G O I N C L O
E K I O G K O Y G O E H O M
M A O L J U T G Y L R O G Y
I V L O P N R Y Y O A L Y Y
S T O G P D N B C G L O J U
T T G Y K E E O N Y O G C G
R R Y F Y S I O L O G Y N G
Y I M M U N O L O G Y U R R
C H E M I S T R Y U O S T Y
```

ANATOMY
BIOCHEMISTRY
BIOLOGY
BOTANY
CHEMISTRY
EKOLOGY
GEOLOGY
IMMUNOLOGY
KINESIOLOGY

TAALKUNDE
MEGANIKA
MINERALOGY
NEUROLOGY
FYSIOLOGY
PSYCHOLOGY
SOSIOLOGY
ZOOLOGY

37 - School #2

```
U L H A K P Y R F B K C O A
L I T E R A T U E R U H P B
O C O S H P B G S F J S L I
J K Z C E I T O T G G B I B
P O A T L E A D E M J R E L
F S K J I R R E C K S X D I
Û N D E R W I Z E R E U I O
A K T I V I T E I T E N N T
K A L I N D E R E U L X G E
G R A M M A T I K A Ê I G E
W E D S T R I I D R Z B A K
W I T T E N S K I P I G A L
K O M P J Û T E R L N Y Q H
R U C K S A K E F O G W N U
```

AKTIVITEITEN
RUCKSAK
BOEKEN
BUS
KALINDER
KOMPJÛTER
OPLIEDING
WEDSTRIID
GRAMMATIKA

BIBLIOTEEK
LITERATUER
PAPIER
POATLEAD
LÊZING
WITTENSKIP
SKJIRRE
ÛNDERWIZER

38 - Science

```
E P Z B Z B O Y A C W A H F
K K O B X J B P U T Y S R O
S M L Z D M S J L P O D Q S
P I E I F F E I T A F O R S
E N V N M Y R K E R N A M Y
R E O A E A V U D T E T G L
I R L T T H A W A I H B E P
M A Ú U O Y A T T K N E M N
I L S E A P S O A E J R Y N
N E J R D O J C U L C Z S J
T N E G E T E M A S I C K P
T Q R O Y E P A K H O N Q S
M W T F Y S I K A T Z V T E
L W I I A E N K B U E Z R X
```

ATOOM
GEMYSK
KLIMAAT
DATA
EVOLÚSJE
EKSPERIMINT
FEIT
FOSSYL

HYPOTESE
METOADE
MINERALEN
NATUER
OBSERVAASJE
PARTIKELS
FYSIKA
PLANTEN

39 - To Fill

```
X C V T T P B A R R E L F F
E N D Z O L Û L T U W F R O
N X D M R D S V W U X Y L L
V P K O F F E R W N A Z Q D
E Û W P A K K E D T C Q F E
L D P D V Z O A R T E P L R
O E F A A S E U A T U B E C
P J F J S W R O W E K E S Y
E P C P I L N Z E X Z Z S L
I A R B T V U O R M M J E Z
Z R H X S O E Z M G X A S W
V S A Y P C B E P R X M D V
F Q O S X C U B Q K Y E D Z
S X K W A G E X E H P R E E
```

PÛDE   FOLDER
BARREL   PAKKE
KOER   BÛSE
FLESSE   KOFFER
DOAZE   TOBBE
AMER   TUBE
DRAWER   FAAS
ENVELOPE

40 - Summer

```
S  J  W  F  R  F  R  E  U  G  D  E  V  Q
A  E  D  Z  B  A  E  U  A  L  G  Y  Y  E
N  F  E  W  Q  M  I  B  Y  T  P  T  M  R
D  Z  D  Q  R  Y  Z  A  I  K  P  F  M  W
A  X  Û  O  Z  L  G  D  T  A  D  A  F  E
L  K  K  C  X  J  J  F  E  M  K  K  H  D
E  T  E  Z  F  E  E  B  N  P  Y  Â  X  S
N  O  Ú  Q  J  N  V  M  O  J  U  N  E  T
C  Y  T  N  U  T  N  S  W  E  S  S  O  R
X  Z  S  S  L  G  A  G  S  O  K  J  X  I
Û  N  T  S  P  A  N  N  I  N  G  E  K  I
F  E  R  G  E  S  E  M  U  Z  Y  K  N  D
G  E  Â  O  Q  X  V  Y  W  W  T  G  Q  W
I  V  N  R  M  R  R  X  J  T  T  S  F  C
```

STRÂN	FREUGDE
BOEKEN	FERGESE
KAMPJE	MUZYK
DÛKE	ÛNTSPANNING
FAMYLJE	SANDALEN
ITEN	SEE
WEDSTRIID	REIZGJE
TÚN	FAKÂNSJE

41 - Clothes

```
L B G F B B R O E K Q M S H
S H I R T L T X M L Q M J A
J O N A F O Û K E J A S A N
J E K R P X N Z X U U A A S
B D M O W R F W E W E R L J
D H N K D C O D C I Q Q K E
K G F B G P C N A E G C S S
P A J A M A S G E L D W A H
K E T T I N G S A E W L R O
S A N D A L E N A N C B M E
S S L R B E L T H P Y O B O
S W E A T E R V F U Q S A F
L M W J M K K E S R T Z N A
C L D Q S P V M O A D E D X
```

APRON   JUWIELEN
BELT   KETTING
BLÛZE   PAJAMAS
ARMBAND   BROEK
JAS   SANDALEN
JURK   SJAAL
MOADE   SHIRT
HANSJES   SHOE
HOED   ROK
JEK   SWEATER

42 - Insects

```
R U L O K U S T X S Q G S S
J G Z J M O T O B D A R Y W
R C P U I M J M W Z W A S P
H K A K K E R L A K J S D L
F S O X R N B F P G D S L D
L A R V A V E E L T U H I A
I M U G N I E G T E M O B P
N A T C T K T K B J A P E H
T N E C E A N L E W E P L I
E T R U I I K N E M H E J D
R I M E X C C I T T L R R Q
B S I W V U A P L W J I R M
E Q T I H Q P D E U S M J U
X Z E E D F E T A J Z U L Z
```

ANT
APHID
BEE
BEETLE
FLINTER
CICADA
KAKKERLAK
LIBEL
FLEA
GRASSHOPPER

LJIEBETJE
LARVA
LOKUST
MANTIS
MUG
MOT
TERMITE
WASP
WJIRM

43 - Astronomy

```
N K H N V S S L J N S F Q G
Z R I E P A T U L J S G L A
M M M B P T R W P A U K M L
O Q E U N E I U T Y P C I A
P B L L I L E M E T E O R X
L A S A C L L O Q H R S D Y
A C W E V Y I A U L N M P Q
N S L U R T N N I P O O I D
E C T F C V G N N I V S I M
E S V E Z P A E O R A K E T
T K T H R R Q T X W Y D R B
E A S T R O N O O M P R D M
O E I E K L I P S R K R E A
Z O D I A C B D C V Y O T Y
```

ASTEROID
ASTRONOOM
COSMOS
IERDE
EKLIPS
EQUINOX
GALAXY
METEOR
MOANNE

NEBULA
OBSERVATORY
PLANEET
STRIELING
RAKET
SATELLYT
HIMEL
SUPERNOVA
ZODIAC

44 - Pirates

```
Y L B E M A N N I N G G F Q
L O A V E N T O E R E E L I
S N U I T K O M P A S F A U
G O U D L E G I N D E A G S
N P O B I R M S O E B A G U
S K A T M U A I W T I R E L
D Z H J Y M P I N U Z J L C
S C A R N K H F S N R G Y I
O T F H T A E J A K E D G I
F A R H E P A P E J E E R H
A Z W Â N T Z H M Z P G O M
B X T Q N E U P I C R T T Q
R C X S D I U E I L Â N Y E
H L G G O N N D O W K V M S
```

AVENTOER   FLAGGE
ANKER   GOUD
MIN   EILÂN
STRÂN   LEGINDE
KAPTEIN   MAP
GROT   PAPEJE
MYNTEN   RUM
KOMPAS   SCAR
BEMANNING   SWURD
GEFAAR   SKAT

45 - Time

```
J  W  R  M  O  A  N  N  E  O  Y  G  Y  K
Z  I  T  Y  I  Z  D  H  S  T  W  Q  B  G
R  K  E  P  H  D  V  J  Y  O  J  I  R  D
F  E  K  R  K  M  D  O  T  E  E  O  J  E
J  S  U  K  L  O  K  E  S  R  C  H  H  I
M  T  H  F  I  I  T  D  I  E  B  O  B  W
D  B  N  O  E  Q  K  A  L  I  N  D  E  R
F  E  R  A  U  X  H  S  U  K  Q  F  T  J
P  J  K  R  Z  Q  U  L  G  A  U  J  I  I
G  M  O  A  R  N  T  I  I  D  B  V  I  E
B  V  I  E  D  N  A  C  H  T  M  W  D  R
H  R  K  B  E  E  Y  D  O  J  T  O  W  P
I  F  M  D  R  M  T  B  H  Y  M  J  C  Q
N  X  M  I  N  Ú  T  A  K  O  M  S  T  D
```

JIERLIKS	MINÚT
FOAR	MOANNE
KALINDER	MOARNTIID
IEU	NACHT
KLOK	MIDDEI
DEI	NO
DEKADE	GAU
BETIID	HJOED
TAKOMST	WIKE
OERE	JIER

46 - Buildings

```
O B S E R V A T O R Y M K S
K U A M B A S S A D E L S T
K A B I N E S L H F D E I A
A O T H G W S K O A L L E D
S I K E H Û S J S B M S W I
T O E R P I L B T R K X S U
I D Z B F Q L L E Y J P K M
E M U S E U M R L K T S X J
L A B O R A T O A R I U M T
B I O S K O O P F H N C U E
L F L C I A B W F A T T T A
V P O Z Q Q A X U W E I X T
M J S U P E R M E R K R H E
Q W N R U S N H O T E L C R
```

BARN	LABORATOARIUM
KABINE	MUSEUM
KASTIEL	OBSERVATORY
BIOSKOOP	SKOALLE
AMBASSADE	STADIUM
FABRYK	SUPERMERK
SIKEHÛS	TINTE
HOSTEL	TEATER
HOTEL	TOER

47 - Herbalism

```
M A R J O R A M H A R L R P
B X B L O M F U B R O A T E
Y I P Y D F K V A O S V B T
V K N O F L I K S M E E E E
T Ú N G O M J W I A M N K R
K S K D R X I S L T A D U S
S A M F E E R N J I R E L L
I F X A G G D P T C Y L I E
M F T B A N F I G R I E N I
V R V R N K I I E U J Z A E
B O Z Y O J F E N N E L R X
V N F K N F R U W C T Y Y T
B E N E F I S I E L Y M C I
S X C H T T A R R A G O N J
```

AROMATIC	INGREDIENT
BASIL	LAVENDEL
BENEFISIEL	MARJORAM
KULINARY	MINT
FENNEL	OREGANO
SMAAK	PETERSLEIE
BLOM	FABRYK
TÚN	ROSEMARY
KNOFLIK	SAFFRON
GRIEN	TARRAGON

48 - Toys

```
B O E K E N G J W P O P Y E
T A H F N W F A V O R Y T K
Z R L F L E A N J E X E T I
Y O E B V D R U M S P C A T
L B S I J S A L X X J E U E
V O E L N T H M J P K K T U
Y T K M L R L L H N L U O H
X K J W X I S C H A A K U T
X A U O R I B T A F A P B M
G Z U R X D B M V F I Q G C
F E R B Y L D I N G Y R P I
P Y I O L F X O I R P T E A
K F R A C H T A U T O P S V
L Y N T Z J V B T G Y Q W G
```

FLEANJE   DRUMS
BAL   FAVORYT
FYTS   WEDSTRIID
BOAT   FERBYLDING
BOEKEN   KITE
AUTO   ROBOT
SCHAAK   TREIN
KLAAI   FRACHTAUTO
POP

49 - Vehicles

```
B O A T F Z C Z L B R R E E
U M T Q R Z Z K L P Y T A S
S A Z I A F S S F E R R Y U
P Z I F C Y U M Y T E I N
W R I L H T B A N E N K H F
R A K E T S M M U N W K E L
C A V A A I A B E H V E L O
A A L N U B T U T T S R I T
R K R J T S E L A R R M K T
A M M E O Q R A K E P O O Y
V A U T O K I N S I C T P C
A M U Q L A J S Y N L O T J
N E W W C U J J F L O R E S
S C O O T E R E J U Y V R H
```

FLEANJE	FLOT
AMBULANSJE	RAKET
FYTS	SCOOTER
BOAT	SUBMATERIJ
BUS	METRO
AUTO	TAKSY
CARAVAN	BANEN
FERRY	TREKKER
HELIKOPTER	TREIN
MOTOR	FRACHTAUTO

50 - Flowers

```
P D D M T E M B Q W U P S K
E O A D S Q A O Q R V A I L
T R P N Y Y G E L J N S N O
A C L P D C N K A Q L S N V
L H R R Y E O E F T A I E E
T I D H C K L T N D V O B R
B D S J I B I I R K E N L G
I E K A M B A J O P N F O A
B E Z H Z B I A A N D L E R
D A I S Y V I S S F E O M D
T W D W M D L M C T L W W E
B Z H P I F Y I C U N E H N
T G O V D L V N W L S R E I
F B D J Z C X E Q P L A K A
```

BOEKET
KLOVER
DAISY
DANDELION
GARDENIA
HIBISCUS
JASMINE
LAVENDEL

MAGNOLIA
ORCHIDEE
PASSIONFLOWER
PETAL
POPPY
ROAS
SINNEBLOEM
TULP

51 - Town

```
J G X D R B B W B E M G T X
H V G P T O S I L M I D E T
U O O F W E U N O U A U A X
N B T L G K P K E S S I T M
I I S E A W E E M E K W E S
V B T A L I R L I U O O R A
E L A N E N M B S M A M O A
R I D F R K E J T P L A C P
S O I J Y E R Z O O L D Y T
I T U I E L K F M B E X V E
T E M L A M B A N K E K K E
E E C D A K E K L I N Y K K
I K P R M T M R Y N D E Y M
T A J F A J B A K K E R I J
```

FLEANFJILD	MERK
BAKKERIJ	MUSEUM
BANK	APTEEK
BOEKWINKEL	SKOALLE
BIOSKOOP	STADIUM
KLINYK	WINKEL
BLOEMIST	SUPERMERK
GALERY	TEATER
HOTEL	UNIVERSITEIT
BIBLIOTEEK	ZOO

52 - Antarctica

```
G L E T S J E R S S B D E R
E E C E M I G R A S J E I O
U K O O B A A I O Q G Q L C
Z O S G N W E T T E R K A K
R N M P R S L W V O B I N Y
O T H E E A E Z G C I Y D Z
N I R I V D F R M I L J E U
D N Y D Y U Y Y V Y D I N I
E I F Û G E L S E A E I V I
R N W O L K E N J F T S N Y
S T M I N E R A L E N I X D
K T O P O G R A F Y K K O Y
E Y S K I E R E I L Â N D N
R T E M P E R A T U E R J N
```

BAAI
FÛGELS
WOLKEN
CONSERVATION
KONTININT
MILJEU
EKSPEDYSJE
GEOGRAFY
GLETSJERS
IIS

EILANDEN
MIGRASJE
MINERALEN
SKIEREILÂN
ONDERSKER
ROCKY
TEMPERATUER
TOPOGRAFY
WETTER

53 - Ballet

```
L Z R D M K N P V Z T I S L
J D R X M O E F E N J E T E
P M Q H D M M S L F T K Y S
R D R V A P P L A U S O L S
V P R T N O U U R I P R U E
M C H F S S B Q T R I E X N
R U A H E I L G I X E O J G
O I Z R R S I P S H R G F E
R D T Y S J E O T A P R J B
K K L M K E K F Y Z K A X E
E A W O E R B M K B E F I A
S O L O T E C H N Y K Y U R
T G B Y N T E N S I T E I T
Q P P F E U I K V T S W B D
```

APPLAUS	SPIER
ARTISTYK	MUZYK
PUBLIEK	ORKEST
KOREOGRAFY	OEFENJE
KOMPOSISJER	RITME
DANSERS	SOLO
GEBEART	STYL
YNTENSITEIT	TECHNYK
LESSEN	

54 - Human Body

```
J U F K I N O A S K S F A N
A S D Z F E L O T N G I N Q
W X K A S K X E B I E N K E
I D O O F K U B L B S G E U
R K O F N E D T O B I E L K
E W Z Y J K D V E E C R S E
N A P S I I V J D L H T Q Q
H O L L E J X Z D B T E M I
F Y W T Q O W Z P K N E Y A
X X B V P H G E B W F N O I
H J I I V K H A R S E N S Y
W Â S K O U D E R O Z Z J B
C M N M Û L E A R L P F O N
P Q X O N E A R M T A K K E
```

ANKELS	HOLLE
BLOED	HERT
BIENKE	JAW
HARSENS	KNIBBEL
KIN	SKONK
EAR	MÛLE
EARMTAKKE	NEKKE
GESICHT	NOAS
FINGER	SKOUDER
HÂN	FEL

55 - Musical Instruments

```
K T W M K S S L O G J C T M
F L U I T J I T P L A N R A
A T A M B O U R I N E R O N
G G Z R S L N B A N J O M D
O X O Z I O G Q N T Q A P O
T H B N K N F I O E L E E L
D A C I G Y E J O S V T T I
K R S T Y U G T B C M R S N
P P U Y F T W M O H M O H R
P I Y M W I T S E T W M E V
P E R K U S S J E A O B N G
S A K S O F O A N Q K O M F
G X S G I W G S X A O N U L
G I T A A R O X E A H E U Q
```

BANJO	MANDOLIN
FAGOT	OBOE
SJOLO	PERKUSSJE
KLARINET	PIANO
DRUM	SAKSOFOAN
FLUIT	TAMBOURINE
GONG	TROMBONE
GITAAR	TROMPET
HARP	FIOELE

56 - Fruit

```
N B J K E R S M Q N W E T F
W E S P R N D A F W R Y S R
D R C O C O N U T D F W D A
R R N T B K M O R A N J E M
Ú Y A F A B R I K O A S P B
F M R N R R R R I I P J A O
O A E W A K I U W Y P Y P A
A N A L N N C N I N E W A S
V G H T O E A B E T L P Y T
O O R F B E H S G P Y G A L
C H Q N J V N X A E C U E E
A P A R O G S Q B A N A A N
D S I T R O E N I C S V Z P
O Q Z T Q A B P K H M A A G
```

APPEL
ABRIKOAS
AVOCADO
BANAAN
BERRY
KERS
COCONUT
DRÚF
GUAVA
KIWI

SITROEN
MANGO
MELOEN
NECTARINE
ORANJE
PAPAYA
PEACH
PAR
ANANAS
FRAMBOAS

57 - Virtues #1

```
F P G R A P P I C H O B Û N
Y R O W Y X Z Z B P B X N U
N A E E I Q H Y E C S K Ô G
T K D M Y I O E S P A B F E
E T U H W M S A L D R E H R
L Y E F F I S J I N T T I J
L S W D M P S J S S I R N O
I K L Q H M W G S J S O K C
G E N E R O U S E A T U L H
I R F X T C R O N R Y W I T
N Y P L B Z N J D M K B K L
T S K J I N R B E A V A X I
B E H E L P S U M N I A Z R
G E D U L D I C H T E R B S
```

ARTISTYK	GOED
SJARMANT	BEHELPSUM
SKJIN	ÛNÔFHINKLIK
WIS	YNTELLIGINT
NUGERJOCHT	GEDULDICH
BESLISSENDE	PRAKTYSK
EFFISJINT	BETROUWBAAR
GRAPPICH	WIIS
GENEROUS	

58 - Art Supplies

```
I  J  H  X  C  S  W  E  T  T  E  R  P  C
N  D  D  J  N  L  A  F  A  T  V  I  M  X
K  C  E  M  T  C  L  Z  A  S  A  G  K  P
E  X  Q  E  F  O  H  W  K  K  E  F  R  Y
T  N  H  Q  S  V  V  O  G  L  K  L  E  K
P  O  T  L  O  D  E  N  P  E  S  E  A  L
A  C  R  Y  L  I  C  N  A  U  T  Y  T  A
R  J  Q  X  R  I  L  P  P  R  O  E  I  A
F  F  B  Z  B  O  E  J  I  E  E  F  V  I
K  A  M  E  R  A  K  S  E  N  L  X  I  V
L  Y  M  Q  T  L  D  F  R  P  B  M  T  F
C  Y  G  J  H  J  J  Q  Q  A  I  H  E  B
C  U  Z  I  Z  E  T  Y  X  C  V  A  I  G
W  A  T  E  R  K  L  E  U  R  E  N  T  H
```

ACRYLIC	IDEES
KAMERA	INKET
STOEL	OALJE
KLAAI	PAPIER
KLEUREN	POTLODEN
KREATIVITEIT	TAFEL
EASEL	WETTER
LYM	WATERKLEUREN

59 - Science Fiction

```
W U O E K S T R E E M S T F
P I M A G I N A R Y K F E U
F L B O E K E N S P L W C T
A J A K B I O S K O O P H U
N W O N N Q M Y G D N W N R
T R R E E M Y L A Y E D O I
A Â A B R E S L L S N G L S
S L K P O V T Ú A T F S O T
T D E Y B L E Z X O D P G I
Y S L Y O D R J Y P X O Y S
S B Z V T F I E R I I X F C
K B M I S J E E N A C Z V H
L H E V Y M U T O P I A P T
D F L U E K S P L O A Z J E
```

BOEKEN
BIOSKOOP
KLONEN
FIER
DYSTOPIA
EKSPLOAZJE
EKSTREEM
FANTASTYSK
FJOER
FUTURISTISCH

GALAXY
YLLÚZJE
IMAGINARY
MYSTERIEUS
ORAKEL
PLANEET
ROBOTS
TECHNOLOGY
UTOPIA
WRÂLD

60 - Airplanes

```
N U Û K P Y S S A T M B P R
D C N H I M E L T U B E A G
V H T Z L O Z H M R J M S O
S Y W I O T X H O B U A S A
K D E O A O N I S U V N A N
I R R W T R J C F L B N Z K
E O P L O F T H E E S I J O
D G E Z D C W T A N B N I M
N E O B I J D E R S R G E S
I N E D A V E N T O E R R T
S Q C P A L D E S C E N T P
Y K H V V H L K I M Y V A G
R T B Q J R J O C H T I N G
O T B Q L B R Â N S T O F K
```

AVENTOER	BRÂNSTOF
LOFT	HICHTE
ATMOSFEAR	SKIEDNIS
BALLON	HYDROGEN
BEMANNING	OANKOMST
DESCENT	PASSAZJIER
ÛNTWERPE	PILOAT
RJOCHTING	HIMEL
MOTOR	TURBULENS

61 - Ocean

```
D O L F Y N S S S H R I M P
B E S Â L T T P K O R A A L
N O R C G U O Û Y L J A J I
S I A H E N A N L A L G E N
D K W T F A R S D S R W L N
E R B R E J M C P M W H L R
K A J M R B A F O Q I A Y M
R B Y L L S W F D K T A F S
F E I N K E T F I S K I I F
C I E Z O E S T E R P L S E
B Q S F C W A L F I S K H M
V T M K H E H I G K E L P C
S M S R T E P E W R A Z V M
X O M C O D F L K H B D M O
```

ALGEN   REEF
BOAT   SÂLT
KORAAL   SEEWEED
KRAB   HAAI
DOLFYN   SHRIMP
IEL   SPÛNS
FISK   STOARM
JELLYFISH   TUNA
INKETFISK   SKYLDPOD
OESTER   WALFISK

62 - Birds

```
T O U C A N V X P U S O L H
G O E S S S Y T A T T V T P
K Q R T K W I F S C R I F T
S A A I B A E L T Y U F T H
P M N V A N E A O S I Y Z J
E A B A M O N M R V S S A I
A P P M R T D I K N J Y F E
R S C E N Y O N K F E H X K
K C R V G T Y G O H E R O N
R S O Z I A Z O E A D B V X
E I W J Z N A Y K A E L H Q
P I N G U I N I O Q Z T G W
P E L I K A A N E H I N R N
R L Z P E A C O C K N I Y O
```

KANARY	HERON
HIN	STRUISJE
CROW	PAPEGAAI
KOEKOE	PEACOCK
DO	PELIKAAN
EEND	PINGUIN
EARN	SPEAR
AAI	STORK
FLAMINGO	SWAN
GOES	TOUCAN

63 - Art

```
M W I Ú S T A L W E F I G O
L C L T T Y N Z D S X N H A
P Y Y D I H M X U N S S K R
O Z S R M X I B K I S P E S
Ë X H U M S M L O N K I R P
Z M C K I I Q Û M A U R A R
Y C E K N H K N P K L E M O
D C A I G S Y D O O P E Y N
T O R N T A F E S M T R K K
X G L G D S N R I P U D L L
P T I G E M J W S L E V P I
R S K X U R J E J E R A Q K
F I S U E E L R O K T O H X
P O R T R E T P N S O D Y R
```

KERAMYK	STIMMING
KOMPLEKS	OARSPRONKLIK
KOMPOSISJON	POËZY
MEITSJE	PORTRET
ÚTDRUKKING	SKULPTUER
STAL	ÛNDERWERP
EARLIK	SYMBOAL
INSPIREERD	FISUEEL

64 - Nutrition

```
K V S A C A L O R I E S F U
W I O I N P C I O O M Û E I
A T E K D P G P P O G N R U
L A V S W E L U C Y Q T M V
I M Y B I T T E R X I T E D
T I X R A Y Q E U S B J N P
E N N V J T Z Q C Û A N T R
I E E T B A A R Z N L U A O
T D I E E T Z C B E A T S T
E P O T O X I N N N N R J E
D I S T E R I N G S S I E I
G E W I C H T U I A J E R N
W N R X S M A A K Y E N L S
I K F K O L H Y D R A T E N
```

APPETYT
BALANSJE
BITTER
CALORIES
KOLHYDRATEN
KIES
DIEET
DISTERING
EETBAAR
FERMENTASJE

SMAAK
SÛNENS
SÛN
NUTRIENT
PROTEINS
KWALITEIT
SAUS
TOXIN
VITAMIN
GEWICHT

65 - Hiking

```
K  L  I  F  N  M  K  L  F  J  K  P  R  E
O  R  I  Ë  N  T  A  S  J  E  A  A  P  W
W  A  I  W  B  R  D  P  Q  A  M  R  N  U
S  I  N  N  E  E  H  V  F  Y  P  K  J  R
E  G  S  L  H  T  R  K  Q  L  J  E  M  C
N  A  T  U  E  R  T  C  Q  K  E  N  B  H
D  I  E  R  E  N  W  E  H  L  A  T  O  P
T  N  N  H  Q  I  Y  T  R  I  X  C  Q  S
S  Q  E  Y  N  C  L  B  P  M  N  L  Y  W
T  R  N  A  Q  Y  D  Y  Q  A  L  M  Y  I
T  A  R  I  E  D  I  N  G  A  J  K  W  E
P  I  M  X  R  K  C  S  M  T  K  C  O  R
M  M  P  E  J  W  P  Y  N  G  H  K  H  E
N  I  M  G  K  G  F  P  I  F  E  O  X  D
```

DIEREN	PARKEN
KAMPJE	TARIEDING
KLIF	STENEN
KLIMAAT	TOP
SWIER	SINNE
MAP	WURCH
BERCH	WETTER
NATUER	WYLD
ORIËNTASJE	

66 - Professions #1

```
W K X J U W E L I E R R K A
Y K N Z T K S R A Z U F A M
Q I G T Z L P E M Z U L R B
J T S B P H R D E B N O T A
A A D V O K A A T M G B O S
G D C O A C H K D U A A G S
E P V A K R V T Û Z S N R A
R Z X O A T H E N I T K A D
D U X O K T E U S K R I A E
E O O K S A E R E A O E F U
C C V T F P T S R N N R L R
H F W M J K U E W T O T J Z
L E A D J I T T E R O A X M
P I A N I S T N R Q M X J C
```

AMBASSADEUR
ASTRONOOM
ADVOKAAT
BANKIER
KARTOGRAAF
COACH
DÛNSER
DOKTER

REDAKTEUR
JAGER
JUWELIER
ADVOKATE
MUZIKANT
PIANIST
LEADJITTER
SEEMAN

67 - Dinosaurs

```
S F R K R Ê F T I C H W O E
V K Q E Q P E E N O A R M Q
T V R I P E V O L Ú S J E P
F S A P X T P M R O T A N R
N E S W J N I N U K U L I O
O G R E T R Z E S S R A N A
Z M H D T B S I L G T X E I
L A N M W T Z B N D D P G V
G M H I I I I E R D E A P I
G M M F V J N G R U T T E C
R O Z X A O O I B R E I X I
U T S B E E R X N G H E N O
T A B C F O R E E G L J Q U
P R E H I S T O R Y K B H S
```

FERDWINING	KRÊFTICH
IERDE	PREHISTORYK
ENOARM	PROAI
EVOLÚSJE	REPTIEL
GRUT	GRUTTE
MAMMOT	STURT
OMNIVORE	VICIOUS

68 - Barbecues

```
I Y Q K C T M B Y S V I B P
P V Z K E Y U E W Â V L Z L
S I J E S C Z R J L U N C H
A T P E M W Y N O T L T A O
L E A E C E K T O M A T E N
A N E P R D S A F R U I T G
D W F I Z S K S T L R G K E
S V O E F T K S E N C R D R
S I M M E R P P A N D O G K
O G M D H I N A R V G E S A
V V R N Y I T S G T S N A S
U M D I T D Q P U D A T C N
F A M Y L J E Z X Q U E Q V
U K T O S L U A Z F S N P E
```

HIN	LUNCH
BERN	MUZYK
ITEN	SIJES
FAMYLJE	PIPER
FRUIT	SALADS
WEDSTRIID	SÂLT
GRILL	SAUS
HYT	SIMMER
HONGER	TOMATEN
MESSEN	GROENTEN

69 - Surfing

```
E T Q F R F B U M Z F J Z S
K X F O A R E E F E S S M T
S W S A C A P O P U L Ê R R
T W E M T Q S W I L L E F Â
R L T A Z T X J M L A Y Z N
E C N E C E O S E A A N W S
E Q G G U H M Z V I N Z A G
M O T Y W T S S S R L B J H
H J S T E R K T E F A K N J
J D Q F A Y V E Y X X B F K
A T L E E T M V M L M J F B
S W G J G M R K E X A Y V T
K A M P I O E N A N G W I O
N R P X P D C T M P E Y C T
```

ATLEET	POPULÊR
STRÂN	REEF
KAMPIOEN	FAASJE
EKSTREEM	MAGE
FOAM	STERKTE
WILLE	STYL
OSEAAN	WEACH

70 - Chocolate

```
L H E E Y A W H B S M A A K
C E I Q M W W A O V D L C W
F A V O R Y T V M C S G A A
F R N Y L C Z C H W W G M L
U L Q T C C A L O R I E S I
F I D B I T T E R A E U G T
F K R J C O C O N U T R E E
E M L M M F K A R A M E L I
P Y U M H B D S R E S P O T
J S G R S C Z A I S S R G Q
E K S O A T Y S K D Û E L O
I N G R E D I E N T A K P W
A P E N Ú T S J E S L N E T
I F U M D H V Y V E Z A T R
```

ANTIOKSIDANT
GEUR
BITTER
CALORIES
KARAMEL
COCONUT
HEARLIK
EKSOATYSK

FAVORYT
INGREDIENT
APENÚTSJES
KWALITEIT
RESEPT
SÛKER
SWIET
SMAAK

71 - Vegetables

```
M U S H R O O M Y X X D U I
P E T E R S L E I E I H X I
T W F Z O J W O R T E L T N
A R T I S J O K N O F L I K
O L B Q E A L L E M V H R G
Q K L D N Y A S H A L L O T
B R O K K O L I R A A S S S
G A E M U S A B D T U E A P
I D M T K J I S E N P L L I
N I K U K O J P C F L D E N
G S O R W I M V E H A E H A
E J O N Y D V M P L N R Z Z
R K L I W H Q S E M T I P Y
P O M P O E N V A R S J I K
```

ARTISJOK	SIPEL
BROKKOLI	PETERSLEIE
WORTEL	PEA
BLOEMKOOL	POMPOEN
SELDERIJ	RADISJ
KOMKOMMER	SALE
AUPLANT	SHALLOT
KNOFLIK	SPINAZY
GINGER	TOMAAT
MUSHROOM	TURNIP

72 - Boats

```
V B M Q M J H G V I S F T S
Q Y R J A C H T K A I L O M
A O Y W R X K D K A N O U R
M N N P I F G A H M O T O R
Ê L K F T X E B N A S U O I
S G U E E P U R Q P E M P V
T F I H R N M Y R E A G W I
N W J S D S S T Z Y A H F E
K B P Y E E Y J C I N Y A R
A O W L L E W B W Y J K U V
Y E L B E M A N N I N G Q P
A J E O G A W K Z Y I C T P
K E I A Y N A U T I C A L V
F Q U T Q K A M D S D S X Q
```

ANKER	NAUTICAL
BOEJE	OSEAAN
KANO	FLOT
BEMANNING	RIVIER
MOTOR	TOU
FERRY	SYLBOAT
KAYAK	SEEMAN
MAR	SEE
MÊST	JACHT

73 - Activities and Leisure

```
D Û K E K A M P J E M M T S
G S Q S U O K I F N O V S U
O S B T D B S O C K E R K R
L R H O N K B A L S E W I F
F R J E K E U N S T F I L I
T E N N I S W E M M E N D N
S I B U K M E W N T Z K E G
J Z F I S H I N G L E E R L
G G F U L L E Y B A L L I I
G J T Ú N B O U Z Q E J J H
Q E B A S K E T B A L E O E
Y G T L Y H K N X K N A E W
B D R D R G F P P M Z N W H
E T D S W S Y Y I U V F U B
```

KEUNST

HONKBAL

BASKETBAL

BOKSEN

KAMPJE

DÛKE

FISHING

TÚNBOU

GOLF

SKILDERIJ

WINKELJE

SOCKER

SURFING

SWEMMEN

TENNIS

REIZGJE

FULLEYBAL

74 - Driving

```
F Z S J A U F F E U R M G T
A R H H U K E F H M M F A I
A R E T T K R R B A O U S O
S P E D O X K A R P T T K G
J H L M R S E C Â T O A O A
E B W Y M M A H N U R T S R
C C J F S E R T S N F R T A
D X C C K J N A T N Y I R A
G E F A A R E U O E T A J Z
Û N G E L O K T F L S N I J
L W E I B N Y O G E N P T E
F E I L I C H H E I D J T J
C E S D M K D F X I C A E Y
V G U H K I T T E W I M J E
```

ÛNGELOK   MOTORFYTS
REMMEN   FUTATRIAN
AUTO   PLYSJE
GEFAAR   WEI
SJAUFFEUR   FEILICHHEID
BRÂNSTOF   FAASJE
GARAAZJE   STRJITTE
GAS   FERKEAR
MAP   FRACHTAUTO
MOTOR   TUNNEL

75 - Professions #2

```
E V Y N B D Q F L S U T L X
E W G N E E E E O K T O T U
F E I S G T C Ú E I U S N P
I F L J O E W T Û L I K G I
L O L O N K N F N D N E B L
O T U E D T G I D E M D I O
S O S R E I T N E R A O O A
O G T N R V N E R U N K L T
F R R A S E J R W Q R T O Q
T A A L K U N D I G E E G S
O A T I E J F O Z B S R I A
S F O S R F O I E D O A S Z
H G R T X S Q F R O R E T E
G E N E E S H E E R M Q R N
```

BIOLOGIST
TOSKEDOKTER
DETEKTIVE
YNGENIEUR
BOER
TUINMAN
ILLUSTRATOR
ÚTFINER
SJOERNALIST

TAALKUNDIGE
SKILDER
FILOSOF
FOTOGRAAF
GENEESHEER
PILOAT
ONDERSKER
ÛNDERWIZER

76 - Emotions

```
L F K I N N E L I K H E I D
F E E F H F E R T R I E T F
E P A R U S T Z V K M X Q R
R T E F R E D E N A B Q M E
F S L P D A K X W L P E T U
E Y I P P E S S Z M E V E G
L M L G S H L S B K Z Z N D
I P K E S H B X I F R E D E
N A E L F H A T A N K B E R
G T N M L K N U B Z G P R L
F Y S B P N G B J U W X N P
C H R S Y V E Z U K K O E Y
A L U N A Y N C T C M R S G
V T C F V D S R O G H Y S L
```

LILKENS
FERFELING
KALM
BANGENS
TANKBER
FREUGDE
KINNELIKHEID
LEAFDE

FREDE
FERTRIET
TEFREDEN
FERRASSING
SYMPATY
TENDERNESS
RUST

77 - Mythology

```
V  G  S  K  E  P  S  E  L  G  C  H  M  C
W  V  X  K  Z  M  A  G  Y  S  K  I  E  N
U  W  J  E  R  L  J  O  C  H  T  M  U  Z
G  S  A  H  S  T  R  I  D  E  R  E  N  L
O  T  L  E  G  I  N  D  E  B  N  L  S  A
K  E  O  L  D  Z  P  K  U  R  X  Z  T  B
Y  R  Z  D  R  N  N  U  L  F  A  S  E  Y
P  K  E  Q  J  H  E  L  D  E  N  M  R  R
S  T  D  A  X  P  R  T  V  O  A  Z  P  I
T  E  J  Y  A  D  L  U  C  K  R  J  O  N
C  A  O  O  S  S  E  E  B  P  T  T  U  T
T  O  N  G  E  R  J  R  I  J  F  D  A  H
H  W  R  A  A  K  F  E  R  I  U  C  M  L
R  Z  R  B  H  A  R  C  H  E  T  Y  P  E
```

ARCHETYPE	LEGINDE
KREAASJE	WJERLJOCHT
SKEPSEL	MAGYSK
KULTUER	MEUNSTER
RAMP	DORTAL
HIMEL	WRAAK
HELD	STERKTE
HELDEN	TONGER
JALOZE	STRIDER
LABYRINT	

78 - Hair Types

```
D T Q F K U B Y S S T F P T
Q G G K V L C Z Ê W N L V I
P S T Y E R E K F A G E E N
K G I C T A B U T R L C W R
R R H W P C L A R T Ê H Y H
U I U P N V O T H D D T T Y
L I X L N I N B R Y E E Y J
L S Û N L W D K O A R T N M
E R V I H I I E D R O E C H
N A O R R B K H A C N W M G
S U L V E R D I P Y T H T V
U M A J U Ú W K O G K C X M
L A N T D N Y B P O Z V S K
I B G L V Y V I W K Q U Q W
```

KEAL
SWART
BLOND
FLECHTE
BRÚN
KLEURDE
KRULLEN
KRULLIK
DROECH
GRIIS

SÛN
LANG
KOART
SULVER
GLÊD
SÊFT
DIK
TIN
WYT

79 - Garden

```
Y Y I U Z G T L G E R S H X
N T L I Y X A E V Y U A A I
K W Z B I B H R R T P S M A
V A B A N K Q B A R R N M M
Z R U I S L A N G A A R O T
I O S T E K Q I D M Z S C L
Y T H Ú O R T J J P D J K A
H S O N U A D J H O P Y E E
B E A M H J Z E B L O M C K
Z N Y A R X R S F I V E R F
Z A T D R L A B Q N S Q E F
V Y V Z R M K N N E Q L S H
E I O S R K E X Y K S W O B
C X B D C W H I C M G W S G
```

BANK	SLANG
BUSH	FIVER
STEK	RAKE
BLOM	ROTSEN
GARAAZJE	IERDE
TÚN	TERRAS
GERS	TRAMPOLINE
HAMMOCK	BEAM

80 - Birthday

```
Q E D K M R T P P J T T F H
H R W J P N D X U Y L M E T
D E I G U C F V L I E T E I
P T L N S P E S J A A L S I
K A L I N D E R O E L N T D
D K E A R S E N N B F Q K H
U D N O L Y G B G O T T L X
U I T N O G I N G S T E E W
A U D R K A R T E N J R J Y
X H T A K M F U E L B A I T
H R E X I W R M T N E C E N
X K J N C A K E M E R A R L
L W Y S H E I D L O N Q R Y
G W E L X F O V V S E B A E
```

BERNE
CAKE
KALINDER
KEARSEN
KARTEN
FEEST
DEI
WILLE
JEFTE
GRUT

LOKKICH
UITNOGINGS
LIET
SPESJAAL
TIID
LEARE
WYSHEID
JIER
JONG

81 - Beach

```
K K X K H D A Q H F T W O H
I K L S R O I N O G H S P A
E I L Â N A B S O S E A A N
F J L Z K W B K M I M N R D
F B O A T Q L I E N U D A D
K P U Q G Q A N M N R A P O
U E H G F U U Z R E H L L E
A T F A K Â N S J E V E U K
S Y L B O A T E Y J E N C I
E M S I X Z Y U C J I F X G
E G Â B U O U G K S I G I P
Y M N V H E Y U W Z R Z K G
A T V Y Z S K G Q O V O E M
F R O K U S T P F T U S G M
```

BLAU	SYLBOAT
BOAT	SÂN
KUST	SANDALEN
KRAB	SEE
EILÂN	SINNE
LAGUNE	HANDDOEK
OSEAAN	PARAPLU
REEF	FAKÂNSJE

82 - Adjectives #1

```
T B E L A N G R Y K P M G N
A I L O K K I C H K K S E W
M E N A R T I S T Y K W N R
B K J N M O D E R N R I E L
I S D T S J U S T E R E R S
S O S R A E I X N V W R O N
J A T E R T R D I I M F U R
E T E K O Y N I E F R W S G
U Y A L M Y E X E N M O A I
S S R I A B S O L U T E G V
E K L K T I A J C C S Y F H
M A I F I S T A D I C H K Q
Q H K O C W A A R B L I K M
B E H E L P S U M L A C I Q
```

ABSOLUTE
AMBISJEUS
AROMATIC
ARTISTYK
OANTREKLIK
MOAI
TSJUSTER
EKSOATYSK
GENEROUS
LOKKICH

SWIER
BEHELPSUM
EARLIK
IDENTYK
BELANGRYK
MODERN
SERIEUS
STADICH
TIN
WAARBLIK

83 - Rainforest

```
S  Û  C  H  D  I  E  R  E  N  S  Y  E  U
D  I  V  E  R  S  I  T  E  I  T  N  G  A
E  U  M  T  O  E  R  L  I  B  J  E  N  M
Q  C  S  Y  N  S  E  K  T  E  N  Y  A  F
P  R  T  N  U  X  S  L  L  T  S  D  T  I
V  Q  T  V  H  H  P  J  J  I  O  M  U  B
F  R  G  P  X  W  E  T  T  C  M  O  E  Y
B  E  H  Â  L  D  K  A  F  A  I  A  R  E
W  B  J  L  W  G  T  F  V  P  E  S  A  N
O  O  B  B  S  N  C  L  Z  H  N  G  H  T
N  K  L  V  F  Û  G  E  L  S  S  H  O  G
G  A  A  K  H  K  V  C  L  B  K  S  R  T
B  M  J  P  E  C  Q  H  J  L  I  D  D  M
Z  X  B  H  M  N  T  T  S  R  P  P  Y  X
```

AMFIBYEN	SÛCHDIEREN
FÛGELS	MOAS
KLIMAAT	NATUER
WOLKEN	BEHÂLD
MIENSKIP	TAFLECHT
DIVERSITEIT	RESPEKT
YNSEKTEN	OERLIBJEN

84 - Technology

```
K P G I F E I L I G E N S K
O C X N C H C M M X J L J A
M W S T A T I S T Y K F J M
P B I E S M O U A Z X I H E
J E C R X A T A M D D R D R
Û R U N B P J F V U W U I A
T J R E R P U G Q T D S G E
E O S T B R O W S E R A I K
R C O K X Y Y S T P K Y T B
K H R W E I T V R A F U A A
C T R Z G R S E N U W F L A
X L W T L Z M G S L W D N X
S O F T W A R E Q F V A M O
A G R R O F I R T U A L A E
```

BROWSER   INTERNET
BYTES   BERJOCHT
KAMERA   SKERM
KOMPJÛTER   FEILIGENS
CURSOR   SOFTWARE
DATA   STATISTYK
DIGITAL   FIRTUAL
MAP   FIRUS

85 - Landscapes

```
F M W T A G W U S O I U W M
M U P O R Z M Q C A C N E U
M H L T A M M Q Y S E E T H
J E K K C S O Z F I B V T W
I U R Q A V T W G S E G E O
G V I T L A M Y Q K R E R U
V E V U F M N G N I G Y F E
M L I N S D E L T E O S A D
V A E D O I L E D R S E L W
L B R R M Q T T N E E R K R
O E K A P A R S B I A T H B
G R O T E M U J W L A Z K D
E C E I L Â N E A Â N P V M
V H S T R Â N R K N U Z H B
```

STRÂN	OASIS
GROT	OSEAAN
WOASTYN	SKIEREILÂN
GEYSER	RIVIER
GLETSJER	SEE
HEUVEL	SOMPE
ICEBERG	TUNDRA
EILÂN	DELTE
MAR	FULKAAN
BERCH	WETTERFAL

86 - Visual Arts

```
E  S  J  S  K  U  L  P  T  U  E  R  W  K
S  Z  H  F  K  E  A  O  F  S  J  P  A  O
R  X  V  T  H  G  R  R  O  C  P  Q  A  M
V  R  B  D  Q  F  C  T  T  K  E  D  K  P
T  I  S  C  R  M  L  R  O  Y  R  M  S  O
A  Q  X  L  K  Z  A  E  S  Y  S  J  S  S
K  R  Y  T  X  I  F  T  K  J  P  T  W  I
M  A  S  T  E  R  S  T  I  K  E  S  E  S
J  K  I  D  Q  P  X  I  L  L  K  K  A  J
Q  G  C  V  O  I  X  N  D  A  T  Z  S  O
E  Y  H  R  F  N  I  I  E  A  Y  F  E  N
B  O  U  K  U  N  D  E  R  I  F  I  L  M
P  O  A  T  L  E  A  D  I  W  V  H  Q  F
X  T  O  Y  Q  T  J  I  J  P  P  K  L  Z
```

BOUKUNDE   SKILDERIJ
ARTYSTE   PINNE
KRYT   POATLEAD
KLAAI   PERSPEKTYF
KOMPOSISJON   FOTO
EASEL   PORTRET
FILM   SKULPTUER
MASTERSTIK   WAAKS

87 - Plants

```
F Z R L I U I B C B M B K M
B L O E M U C I M T E E I O
F B O T A N Y Z P H G A X A
F Y T R F O L I A G E N O S
W E U C A C T U S W R L W C
O V R B U S H G B S S X V Z
A M V T U J N N O B E R R Y
R P S Ú I E P E T A L E C I
T U G N N L S P M M C O F V
E K A J A D I K U B E A M Y
L Z I G N J Z Z P O W Â L D
L P K Q K J N O E E P H S C
V E G E T A S J E R L B D V
C M S W L M U U B S O L V U
```

BAMBOE
BEAN
BERRY
BLOEM
BOTANY
BUSH
CACTUS
FERTILIZER
FLORA
BLOM

FOLIAGE
WÂLD
TÚN
GERS
IVY
MOAS
PETAL
WOARTEL
BEAM
VEGETASJE

88 - Countries #2

```
H U S D D N I G E A R I A G
A G P Y E C W M B J U P H R
Ï A H Z N W Q E W F S A A I
T N K E E X S K S S L K L K
Y D Q L M C N S R V Â I B E
H A D O A M U I G V N S A L
B M S L R O T K I W F T A Â
I J Y O K S S O V R J A N N
B P R U M J F S Û D A N J I
W P J A P A N L I D M T E W
A M E N E P A L I B A N O N
U K R A Ï N E L T E I S Y O
M D E T I O O P J E K E F N
X T M A R V L I B E A R I A
```

ALBAANJE

DENEMARK

ETIOOPJE

GRIKELÂN

HAÏTY

JAMAIKA

JAPAN

LAOS

LIBANON

LIBEARIA

MEKSIKO

NEPAL

NIGEARIA

PAKISTAN

RUSLÂN

SOMAALJE

SÛDAN

SYRJE

UGANDA

UKRAÏNE

89 - Ecology

```
M A R I N E B X N P B B S J
T Q N L M U W S F L R E N F
H A L B F L O R A A O R A R
P E X W A A R K U N N G T I
V U V X B J R L N T N E U J
D U O R S U M I A E E N E W
R R D V U Q C M A N N I R I
O J F Z O X W A N A V L L L
E B J C X X T A Z A S O I L
C S V C B D Y T G V T J K I
H V E G E T A S J E V U E G
T O E R L I B J E N E P E E
E D I V E R S I T E I T S R
G E M I E N I N G E N G G S
```

KLIMAAT	NATUER
GEMIENINGEN	PLANTEN
DIVERSITEIT	BRONNEN
DROECHTE	OERLIBJEN
FAUNA	DUORSUM
FLORA	FARIAASJE
MARINE	VEGETASJE
BERGEN	FRIJWILLIGERS
NATUERLIK	

90 - Adjectives #2

```
E E U H A G N N H C F H G F
V N Z R U I A I A U E O R E
P S Â L T F T J O Q R N U R
H Y T H E T U S Û N N G T A
E N I J N E E G D S E E S N
G L L Z T D R J B L A R K T
D S E Z Y H L I N E M I R W
N R T G K C I R I E D C E U
O A O E A W K R M P T H A R
C Q J E R N X I H Y K P T D
Y S C K C K T C W Y L D Y L
S T M H X H D H N S A N F I
S G B E S K R I J V E N D K
P R O D U K T Y F J N E A V
```

AUTENTYK
KREATYF
BESKRIJVEND
DROECH
ELEGANT
FERNEAMD
GIFTED
SÛN
HYT
HONGERICH

NIJSGJIRRICH
NATUERLIK
NIJ
PRODUKTYF
GRUTSK
FERANTWURDLIK
SÂLT
SLEEPY
STERK
WYLD

91 - Math

```
Y P F A D M H P G P G O I U
Y E O R I I U R E A I M F Z
I R L I A V G X B R E K J E
M I U T M I E S D A O R O F
D M M M E U O N S L Q I U E
J E E E T B M C Y L J N W R
Z T S T E T E S M E U G E G
S E O I R K T X M L O U R E
D R M C M D R I E H O E K L
K L K E J A Y M T A R F A I
P N C A F B A L R C O G N K
W R Y Y K E W L Y U R N T I
F E R D I E L I N G L E Y N
I G K G F N P O L Y G O N G
```

ARITMETIC   PARALLEL
OMKRING   PERIMETER
DESIMAAL   POLYGON
DIAMETER   FJOUWERKANT
FERDIELING   SOM
FERGELIKING   SYMMETRY
BREKJE   DRIEHOEK
GEOMETRY   FOLUME

92 - Water

```
J  U  G  F  Q  F  O  C  H  T  K  J  V  S
K  D  V  Q  G  R  E  I  N  C  F  O  S  P
G  W  C  B  B  O  S  E  A  A  N  S  Z  S
E  E  N  H  K  A  N  A  A  L  M  Q  Q  N
V  K  Y  Y  L  S  I  F  F  L  O  E  D  I
A  J  R  S  L  T  U  J  D  M  O  L  A  E
P  E  R  L  E  W  W  X  B  O  N  F  M  F
O  X  I  P  Q  R  J  F  C  E  S  M  P  J
R  K  G  O  R  K  A  A  N  D  O  P  A  B
A  L  A  R  I  V  I  E  R  J  O  T  R  R
S  O  A  H  X  T  J  I  J  L  N  I  E  X
J  H  S  F  O  C  H  T  I  G  H  E  I  D
E  D  J  B  U  A  W  Y  I  G  G  A  T  S
Y  W  E  M  S  O  B  D  Û  S  M  S  Q  S
```

KANAAL	MAR
DAMP	FOCHT
EVAPORASJE	MOONSOON
FLOED	OSEAAN
FROAST	REIN
GEYSER	RIVIER
FOCHTIGHEID	DÛS
ORKAAN	SNIE
IIS	WEKJE
YRRIGAASJE	

93 - Activities

```
E J Q K X X Û F C B L P E M
I C L Ê Z I N G E J A C H T
V G L K A L T B Z R Y N L P
A Y M V B I S B M B G U K U
K A M P J E P Q N T A E I Z
N E L P C M A G I C K W S Z
A C U P T Ú N B O U T E K E
A M X N L K N G U F I D I L
I N Z G S R I P X I V S L S
E R E Z S T N E N S I T D T
N I F Q Y N G I G H T R E P
F O T O G R A F Y I E I R Q
L N O C H T A F C N I I I Q
J N T S E F X S U G T D J D
```

AKTIVITEIT	MAGIC
KEUNST	SKILDERIJ
KAMPJE	FOTOGRAFY
FISHING	NOCHT
WEDSTRIID	PUZZELS
TÚNBOU	LÊZING
JACHT	ÛNTSPANNING
FERGESE	NAAIEN

94 - Literature

```
F E R G E L I K I N G O K H
P O E T Y K G D I A L O O G
I K H T X D S U Q L S R N M
S O O A N E K D O T E O K E
Y T Q N Z K R A P A M E L T
Q E Y A U B I R N E C J Ú A
Z F N L F F U G O A U T Z F
J Z M O V I W B I M L D J O
M K T G M C E W S S A Y E A
H Y Z Y T Y R I T M E N S R
B E S K R I U W I N G P E E
J R G Q Y F O R T E L L E R
T E M A M G E D I C H T K O
F I K J E B I O G R A F Y P
```

ANALOGY
ANALYSE
ANEKDOTE
SKRIUWER
BIOGRAFY
FERGELIKING
KONKLÚZJE
BESKRIUWING
DIALOOG
FIKJE

METAFOAR
FORTELLER
ROMAN
GEDICHT
POETYK
RYME
RITME
STYL
TEMA

95 - Geography

```
W B W N D E G Z T R P L V Y
R R E I L Â N Y C E U Q F H
Â E S R X K O N T I N I N T
L E T K C M A P S T Ê D A Y
D D P V D H R H O S E A A N
A T L A S Ú D R E R E G I O
G E B I E T Z I Z A P O F A
G W Y X E V Q V S H L I Y P
H D B Q U C R I V R W R G Z
Q I J V P K T E Q V K S Û Y
I W C W A P G R A Q A O G N
W L D H E B C L Â N D T C B
J O W K T B Z X Y H X J O I
N M I Y M E R I D I A N K S
```

HICHTE	BERCH
ATLAS	NOARD
STÊD	OSEAAN
KONTININT	REGIO
LÂN	RIVIER
HEALRÛN	SEE
EILÂN	SÚD
BREEDTE	GEBIET
MAP	WEST
MERIDIAN	WRÂLD

96 - Vacation #1

```
M O Q R E I S R E I S F M A
P U Û T U B K P M R P L U U
A Y N X R C T X B D S E S T
R X T T Q A K E D A C A E O
A N S Y S K M S Û T H N U O
P F P G M O R Y A G Z J M D
L R A D E F A S N K W E O L
U E N T F F R R E P T O B D
K Q N F V E U J T E O R Z T
M O I D I R X Q P E E V R Y
Q J N C P C I M S Z R B R A
B T G V Y Z S T M V I V J Y
M A R E K S P E D Y S J E F
Q J K V S T T Y R N T W S E
```

FLEANJE   MAR
RUCKSAK   MUSEUM
AUTO   ÛNTSPANNING
MUNTSOARTE   KOFFER
DÛANE   TOERIST
EKSPEDYSJE   TRAM
REISREIS   PARAPLU

97 - Pets

```
J  L  L  K  W  H  K  N  Y  N  T  G  F  F
E  L  P  W  J  T  M  L  A  F  G  B  Y  E
K  R  A  A  C  H  Û  I  A  H  Û  N  A  T
O  Q  P  V  J  A  S  Z  P  U  P  P  Y  E
S  G  E  I  T  M  K  A  T  P  W  O  D  R
K  I  J  A  W  S  O  R  Q  Y  F  E  M  I
Y  D  E  D  E  T  I  D  M  U  D  N  N  N
L  X  M  Y  T  E  X  L  D  G  B  X  L  A
D  R  R  Z  T  R  M  P  R  G  D  O  X  R
P  K  Q  H  E  F  F  U  R  S  C  B  D  Y
O  Z  M  L  R  V  I  T  E  N  T  U  K  D
D  D  M  C  W  T  Ô  S  V  V  N  U  A  N
A  P  E  C  G  K  H  S  K  Q  N  Z  R  T
F  I  Z  E  A  N  S  V  T  V  B  O  C  T
```

KAT	LIZARD
KLAUWEN	MÛS
KRAACH	PAPEJE
KO	PUPPY
HÛN	KNYN
FISK	STURT
ITEN	SKYLDPOD
GEIT	FETERINARY
HAMSTER	WETTER

98 - Nature

```
B D P E P B N F U V H W Q F
E I C Y H S E N P R B O O O
V E J M N K W R U T D A Z L
Q R Z E C I Y Y G G K S K I
E E H T N E L Q F E I T W A
R N Z K D N D G O H N Y O G
O A P I W T T W G G B N L E
S S R G N M T R O P Y S K F
J R Z C H E R I V I E R E C
E G L E T S J E R I W W N S
X W W E H I L L I C H D O M
P I Â Y B D C D Y N A M Y K
H V L F R I D D E L I G E C
W E D F N J W R C V J V X W
```

DIEREN	FOLIAGE
ARCTIC	WÂLD
SKIENTME	GLETSJER
BIJEN	BERGEN
WOLKEN	FRIDDELIGE
WOASTYN	RIVIER
DYNAMYK	HILLICHDOM
EROSJE	TROPYSK
FOG	WYLD

99 - Championship

```
K R L M S T R A T E G Y B O
A A Y I A N O A R D G E Q P
M B M M C F M E J M T D Q T
P Y S P O R T E R Z P M B R
I B T D I J K Q D N W Y Z E
O W X R U O S M X A O L N D
E H B Y J C E A Q A L A V E
N P H Q O H L N U L I J I N
Z L M L Z T O F S W S D E U
S O F T S E W U N K T O M D
W E D S T R I I D L I C B I
D C O A C H Z J W N K P Z T
M H M O T I V A A S J E Z P
Y K F I N A L I S T T I X E
```

KAMPIOEN   MOTIVAASJE
KAMPIOENSKIP   OPTREDEN
COACH   SPORT
FINALIST   STRATEGY
WEDSTRIID   PLOECH
RJOCHTER   TOERNOAI
MEDALJE

100 - Vacation #2

```
B A O L P T A R J M H E T H
E J T R A N S P O R T K I M
S E I B S B K E X R E I S E
T P N E P Û A I E E M V I T
I T T R O T M L B S T R Â N
M A E G A E P Â X T S E E K
M K N E R N J N O A C H C C
I S B N T L E F R U D F D Y
N Y H X A A F A F R J E M D
G V I S A N M F G A C R K D
I Z P Y B N N W A N P G Y M
M A P G U E B F E T R E I N
H O T E L R Z J G Z H S Y U
F L E A N F J I L D H E P M
```

FLEANFJILD	MAP
STRÂN	BERGEN
KAMPJE	PASPOART
BESTIMMING	RESTAURANT
FRJEMD	SEE
BÛTENLANNER	TAKSY
HOTEL	TINTE
EILÂN	TREIN
REIS	TRANSPORT
FERGESE	VISA

1 - Food #1

2 - Castles

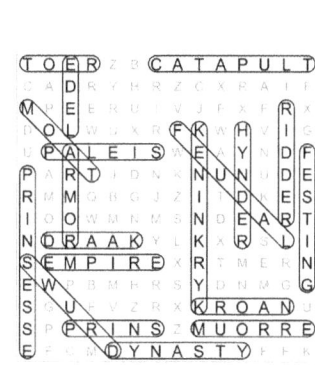

3 - Exploration

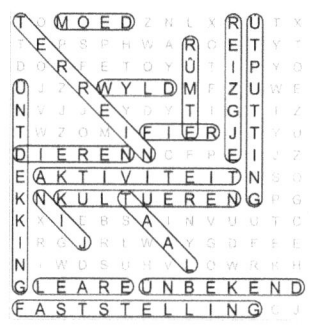

4 - Measurements

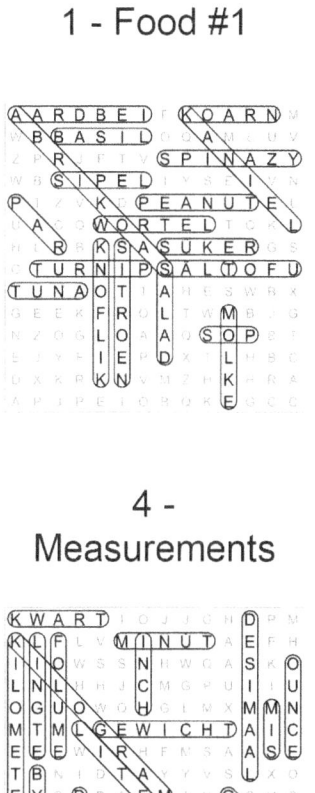

5 - Farm #2

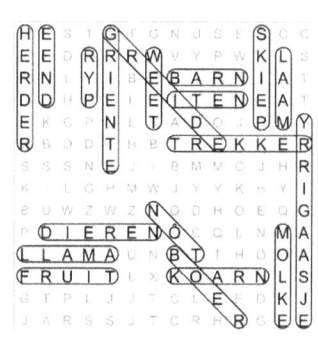

6 - Books

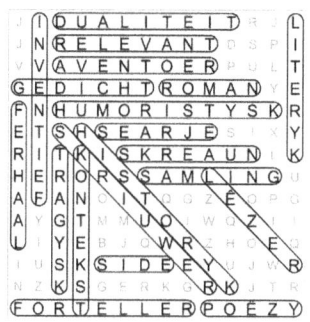

7 - Meditation

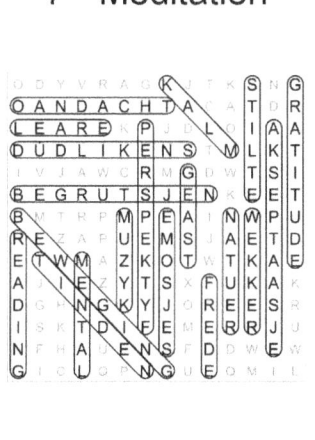

8 - Days and Months

9 - Chess

10 - Food #2

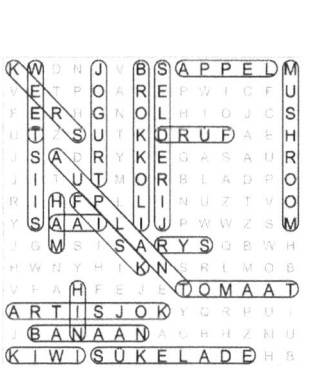

11 - Family

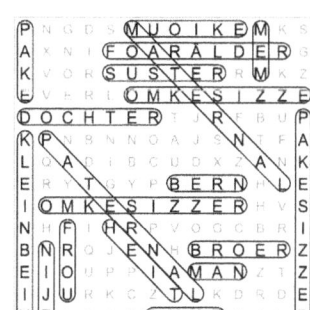

12 - Farm #1

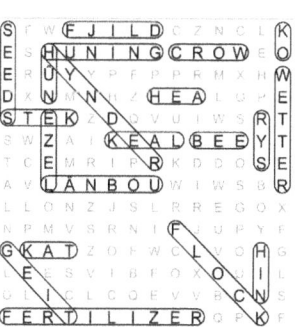

13 - Camping

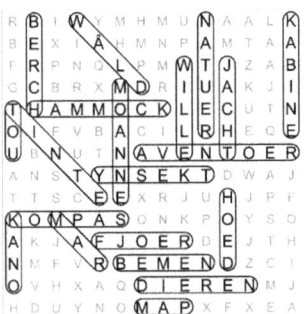

14 - Conservation

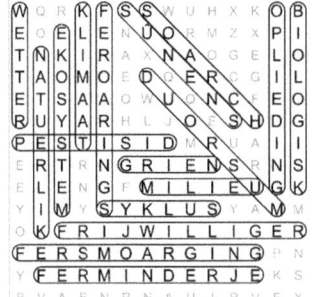

15 - Cats

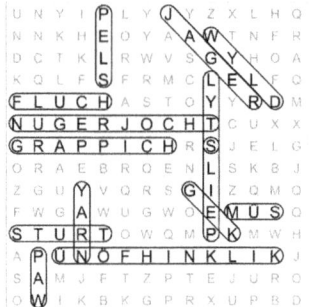

16 - Numbers

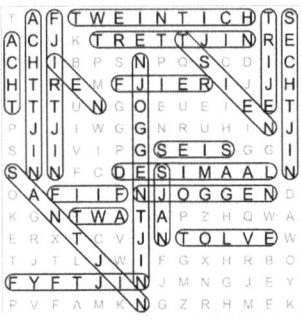

17 - Spices

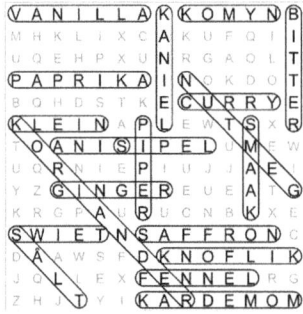

18 - Mammals

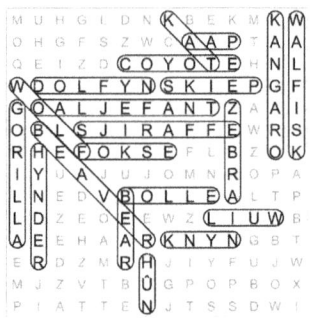

19 - Fishing

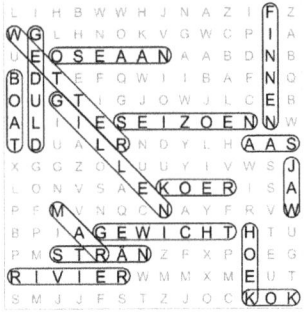

20 - Restaurant #1

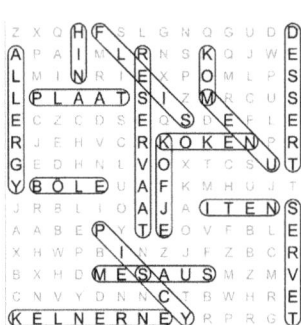

21 - Bees

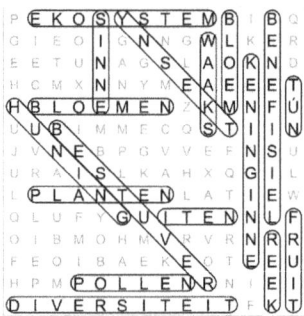

22 - Sports

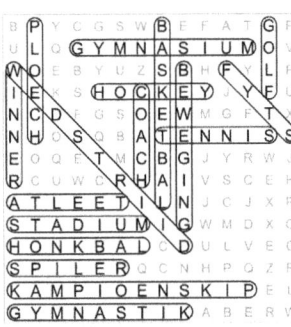

23 - Weather

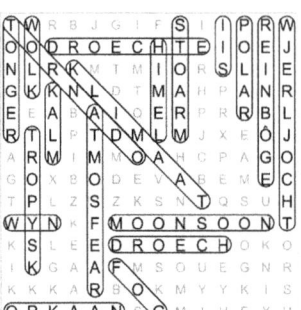

24 - Adventure

25 - Circus

26 - Tools

27 - Restaurant #2

28 - Geology

29 - House

30 - Bathroom

31 - School #1

32 - Dance

33 - Colors

34 - Climbing

35 - Shapes

36 - Scientific Disciplines

37 - School #2

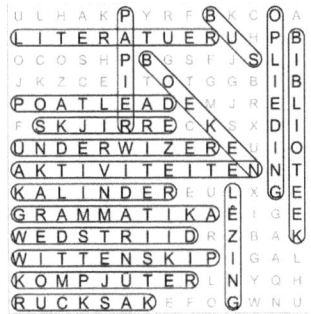

38 - Science

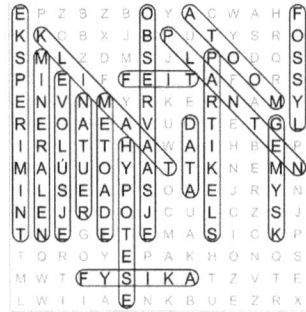

39 - To Fill

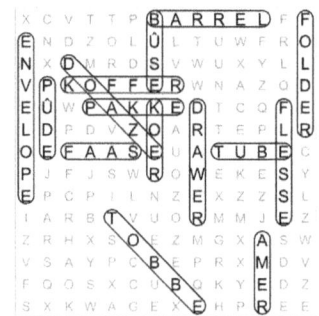

40 - Summer

41 - Clothes

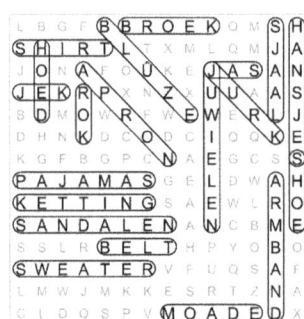

42 - Insects

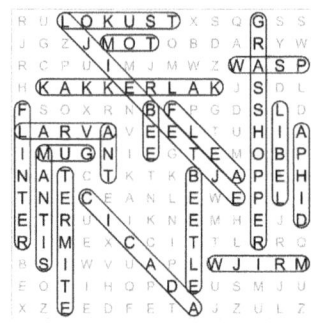

43 - Astronomy

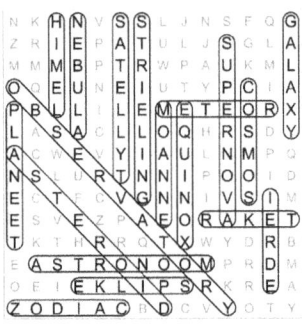

44 - Pirates

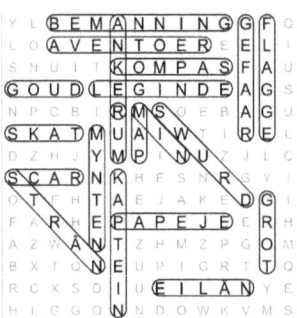

45 - Time

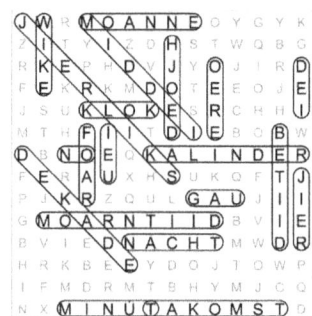

46 - Buildings

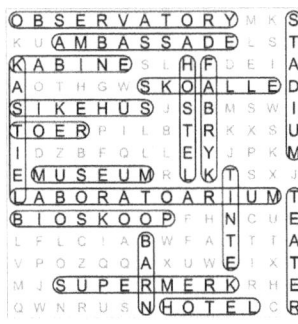

47 - Herbalism

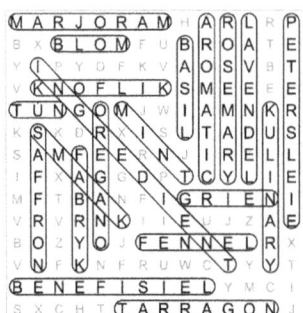

48 - Toys

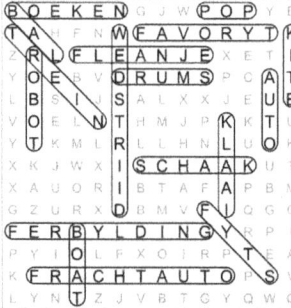

49 - Vehicles

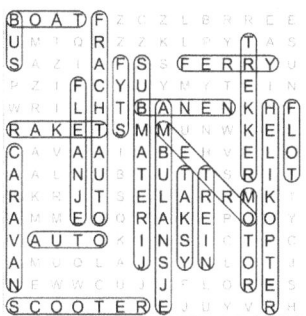

50 - Flowers

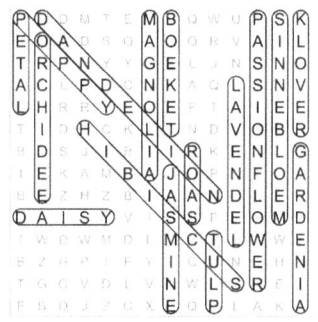

51 - Town

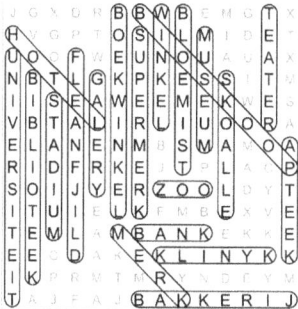

52 - Antarctica

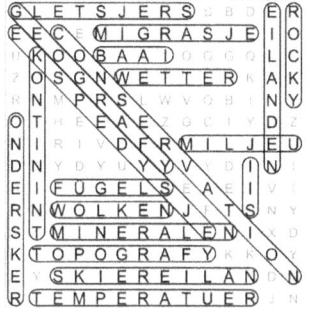

53 - Ballet

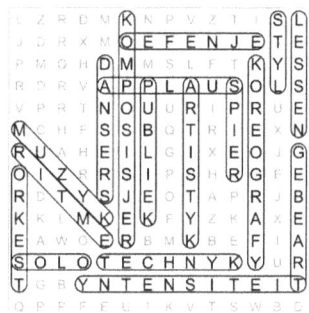

54 - Human Body

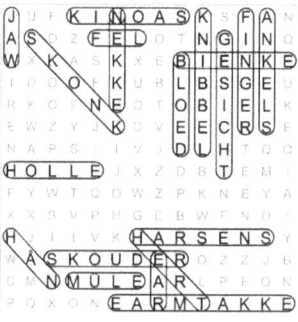

55 - Musical Instruments

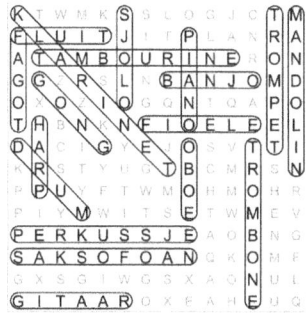

56 - Fruit

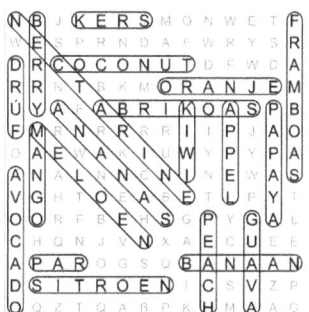

57 - Virtues #1

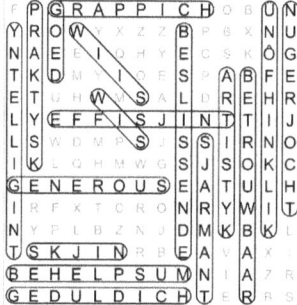

58 - Art Supplies

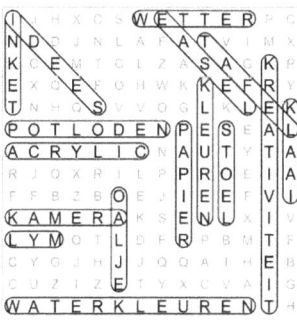

59 - Science Fiction

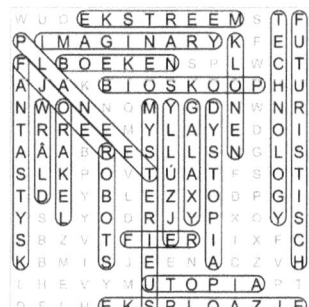

60 - Airplanes

61 - Ocean

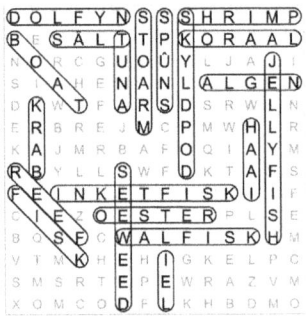

62 - Birds

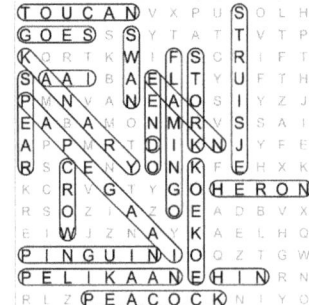

63 - Art

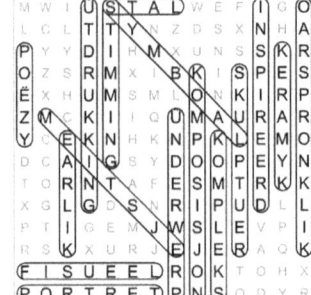

64 - Nutrition

65 - Hiking

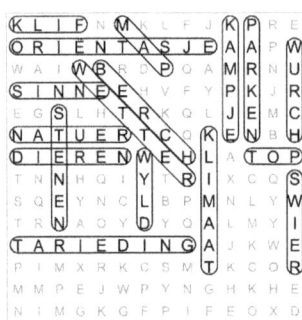

66 - Professions #1

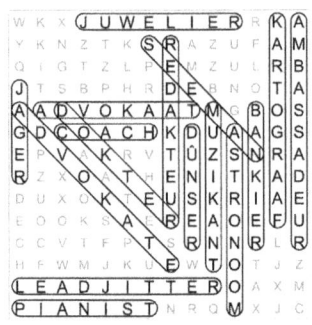

67 - Dinosaurs

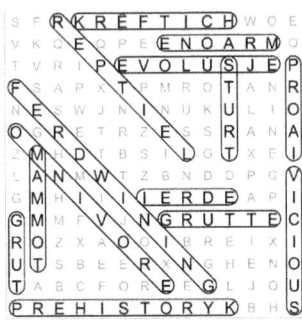

68 - Barbecues

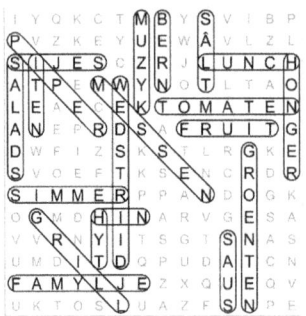

69 - Surfing

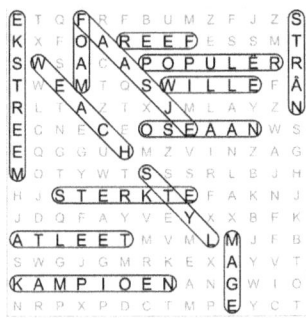

70 - Chocolate

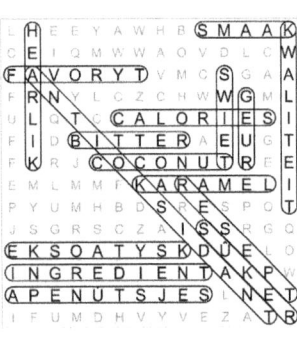

71 - Vegetables

72 - Boats

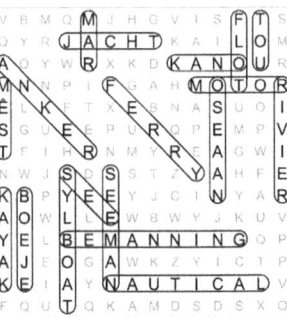

73 - Activities and Leisure

Found words: DÜKE, KAMP, SURFING, GOLF, SOCCER, HONKBAL, SKI, KEUNST, TENNIS, SWEMMEN, WILDER, FISHING, FULLEYBAL, TUNBOU, BASKETBAL

74 - Driving

Found words: SJAUFFEUR, AUTO, GEFAARE, UNGELOK, WEL, FEILICHHEID

75 - Professions #2

Found words: TAALKUNDIGE, PILOAT, GENEESHEER

76 - Emotions

Found words: KINNELIKHEID, FERTRIET, RUST, TEFREDEN, BIFREDE, TANKBER, BANGENS

77 - Mythology

Found words: SKEPSEL, MAGYSK, WJERLJOCHT, STRIDER, LEGINDE, HELDEN, TONGER, WRAAK, ARCHETYPE

78 - Hair Types

Found words: KOART, DROECH, KRULLEN, SUNLD, SULVER

79 - Garden

Found words: GERS, BANK, ISLANG, SITER, BEAM, BLOM, FIVER, RAKE

80 - Birthday

Found words: FEEST, DEI, LIET, SPESJAAL, KALINDER, KEARSEN, UITNOGINGS, KARTEN, CAKE, WYSHEID

81 - Beach

Found words: EILAN, OSEAAN, BOAT, FAKÄNSJE, SYLBOATE, KUST

82 - Adjectives #1

Found words: BELANGRYK, LOKKICH, ARTISTYK, GENEROUS, MODERN, TSJUSTER, ENMOAI, ABSOLUTE, STADICH, WAARBLIK, BEHELPSUM

83 - Rainforest

Found words: SÛCHDIEREN, DIVERSITEIT, OERLIBJEN, YNSEKTEN, BEHÂLD, FÛGELS

84 - Technology

Found words: FEILIGENS, KAMERA, STATISTYK, FIRUS, MAP, BROWSER, SOFTWARE, FIRTUAL

85 - Landscapes

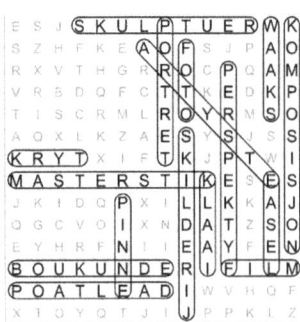

86 - Visual Arts

87 - Plants

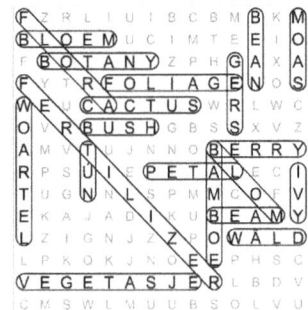

88 - Countries #2

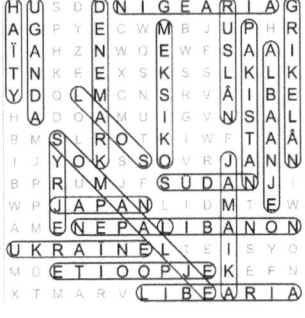

89 - Ecology

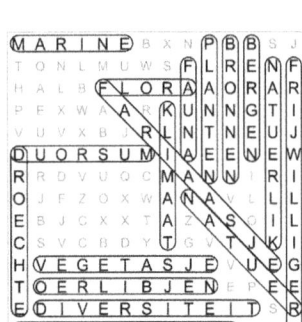

90 - Adjectives #2

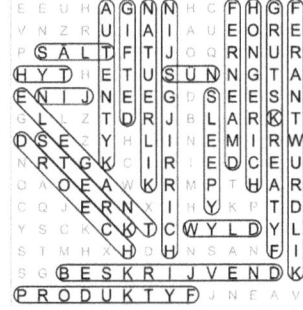

91 - Math

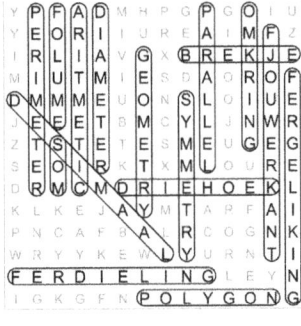

92 - Water

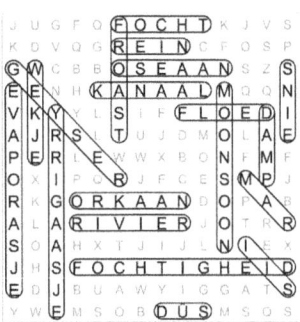

93 - Activities

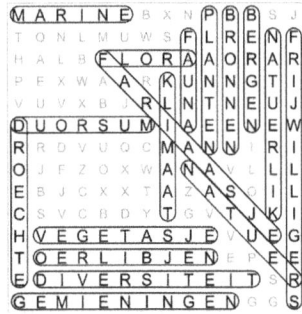

94 - Literature

95 - Geography

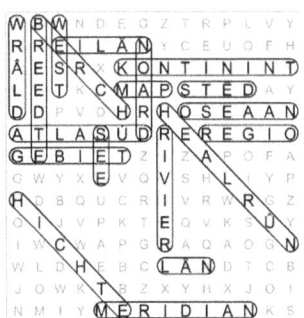

96 - Vacation #1

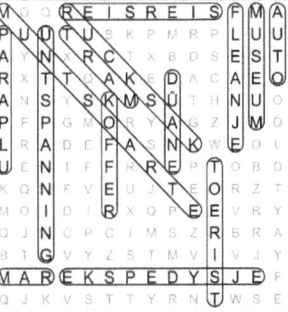

97 - Pets

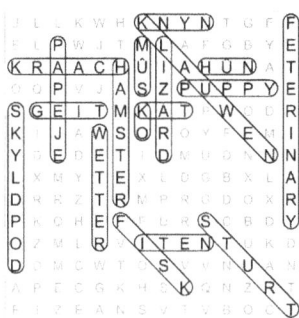

98 - Nature

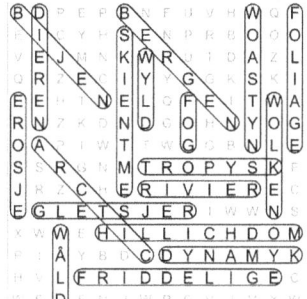

99 - Championship

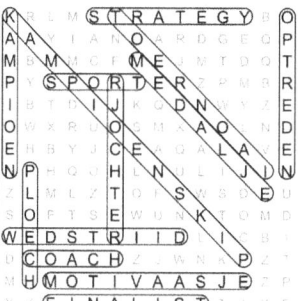

100 - Vacation #2

Dictionary

Activities
Aktiviteiten

Activity	Aktiviteit
Art	Keunst
Camping	Kampje
Fishing	Fishing
Games	Wedstriid
Gardening	Túnbou
Hunting	Jacht
Leisure	Fergese
Magic	Magic
Painting	Skilderij
Photography	Fotografy
Pleasure	Nocht
Puzzles	Puzzels
Reading	Lêzing
Relaxation	Ûntspanning
Sewing	Naaien

Activities and Leisure
Aktiviteiten en Leisure

Art	Keunst
Baseball	Honkbal
Basketball	Basketbal
Boxing	Boksen
Camping	Kampje
Diving	Dûke
Fishing	Fishing
Gardening	Túnbou
Golf	Golf
Painting	Skilderij
Shopping	Winkelje
Soccer	Socker
Surfing	Surfing
Swimming	Swemmen
Tennis	Tennis
Travel	Reizgje
Volleyball	Fulleybal

Adjectives #1
Eigenskipswurd #1

Absolute	Absolute
Ambitious	Ambisjeus
Aromatic	Aromatic
Artistic	Artistyk
Attractive	Oantreklik
Beautiful	Moai
Dark	Tsjuster
Exotic	Eksoatysk
Generous	Generous
Happy	Lokkich
Heavy	Swier
Helpful	Behelpsum
Honest	Earlik
Identical	Identyk
Important	Belangryk
Modern	Modern
Serious	Serieus
Slow	Stadich
Thin	Tin
Valuable	Waarblik

Adjectives #2
Eigenskipswurd #2

Authentic	Autentyk
Creative	Kreatyf
Descriptive	Beskrijvend
Dry	Droech
Elegant	Elegant
Famous	Ferneamd
Gifted	Gifted
Healthy	Sûn
Hot	Hyt
Hungry	Hongerich
Interesting	Nijsgjirrich
Natural	Natuerlik
New	Nij
Productive	Produktyf
Proud	Grutsk
Responsible	Ferantwurdlik
Salty	Sâlt
Sleepy	Sleepy
Strong	Sterk
Wild	Wyld

Adventure
Aventoer

Activity	Aktiviteit
Beauty	Skientme
Chance	Kâns
Dangerous	Gefaarlik
Destination	Bestimming
Difficulty	Swierrichheid
Excursion	Ekskurzje
Itinerary	Reisreis
Joy	Freugde
Nature	Natuer
Navigation	Navigaasje
New	Nij
Opportunity	Gelegenheid
Preparation	Tarieding
Safety	Feilichheid
Surprising	Ferrassend
Travels	Reizen
Unusual	Ongewoanlik

Airplanes
Fleanmasines

Adventure	Aventoer
Air	Loft
Atmosphere	Atmosfear
Balloon	Ballon
Construction	Konstruksje
Crew	Bemanning
Descent	Descent
Design	Ûntwerpe
Direction	Rjochting
Engine	Motor
Fuel	Brânstof
Height	Hichte
History	Skiednis
Hydrogen	Hydrogen
Landing	Oankomst
Passenger	Passazjier
Pilot	Piloat
Sky	Himel
Turbulence	Turbulens

Antarctica
Antarktika

Bay	Baai
Birds	Fûgels
Clouds	Wolken
Conservation	Conservation
Continent	Kontinint
Environment	Miljeu
Expedition	Ekspedysje
Geography	Geografy
Glaciers	Gletsjers
Ice	Iis
Islands	Eilanden
Migration	Migrasje
Minerals	Mineralen
Peninsula	Skiereilân
Researcher	Ondersker
Rocky	Rocky
Scientific	Wittenskiplik
Temperature	Temperatuer
Topography	Topografy
Water	Wetter

Art
Keunst

Ceramic	Keramyk
Complex	Kompleks
Composition	Komposisjon
Create	Meitsje
Expression	Ûtdrukking
Figure	Stal
Honest	Earlik
Inspired	Inspireerd
Mood	Stimming
Original	Oarspronklik
Paintings	Skilderijen
Personal	Persoanlik
Poetry	Poëzy
Portray	Portret
Sculpture	Skulptuer
Subject	Ûnderwerp
Surrealism	Surrealisme
Symbol	Symboal
Visual	Fisueel

Art Supplies
Art Supplies

Acrylic	Acrylic
Camera	Kamera
Chair	Stoel
Clay	Klaai
Colors	Kleuren
Creativity	Kreativiteit
Easel	Easel
Glue	Lym
Ideas	Idees
Ink	Inket
Oil	Oalje
Paper	Papier
Pencils	Potloden
Table	Tafel
Water	Wetter
Watercolors	Waterkleuren

Astronomy
Stjerrekunde

Asteroid	Asteroid
Astronaut	Astronaut
Astronomer	Astronoom
Constellation	Konstellasje
Cosmos	Cosmos
Earth	Ierde
Eclipse	Eklips
Equinox	Equinox
Galaxy	Galaxy
Meteor	Meteor
Moon	Moanne
Nebula	Nebula
Observatory	Observatory
Planet	Planeet
Radiation	Strieling
Rocket	Raket
Satellite	Satellyt
Sky	Himel
Supernova	Supernova
Zodiac	Zodiac

Ballet
Ballet

Applause	Applaus
Artistic	Artistyk
Audience	Publiek
Choreography	Koreografy
Composer	Komposisjer
Dancers	Dansers
Gesture	Gebeart
Intensity	Yntensiteit
Lessons	Lessen
Muscles	Spier
Music	Muzyk
Orchestra	Orkest
Practice	Oefenje
Rhythm	Ritme
Solo	Solo
Style	Styl
Technique	Technyk

Barbecues
Barbecues

Chicken	Hin
Children	Bern
Dinner	Iten
Family	Famylje
Fruit	Fruit
Games	Wedstriid
Grill	Grill
Hot	Hyt
Hunger	Honger
Knives	Messen
Lunch	Lunch
Music	Muzyk
Onions	Sijes
Pepper	Piper
Salads	Salads
Salt	Sâlt
Sauce	Saus
Summer	Simmer
Tomatoes	Tomaten
Vegetables	Groenten

Bathroom
Badkeamer

Bath	Bad
Bubbles	Bobbels
Faucet	Kraan
Lotion	Lotion
Mirror	Spegel
Perfume	Parfume
Scissors	Skjirre
Shampoo	Shampoo
Shower	Dûs
Sink	Sinke
Soap	Sjippe
Sponge	Spûns
Toilet	Húske
Towel	Handdoek
Water	Wetter

Beach
Strân

Blue	Blau
Boat	Boat
Coast	Kust
Crab	Krab
Island	Eilân
Lagoon	Lagune
Ocean	Oseaan
Reef	Reef
Sailboat	Sylboat
Sand	Sân
Sandals	Sandalen
Sea	See
Sun	Sinne
Towel	Handdoek
Umbrella	Paraplu
Vacation	Fakânsje

Bees
Bijen

Beneficial	Benefisiel
Blossom	Bloem
Diversity	Diversiteit
Ecosystem	Ekosystem
Flowers	Bloemen
Food	Iten
Fruit	Fruit
Garden	Tún
Honey	Huning
Insect	Ynsekt
Plants	Planten
Pollen	Pollen
Pollinator	Bestuver
Queen	Keninginne
Smoke	Reek
Sun	Sinne
Wax	Waaks

Birds
Fûgels

Canary	Kanary
Chicken	Hin
Crow	Crow
Cuckoo	Koekoe
Dove	Do
Duck	Eend
Eagle	Earn
Egg	Aai
Flamingo	Flamingo
Goose	Goes
Heron	Heron
Ostrich	Struisje
Parrot	Papegaai
Peacock	Peacock
Pelican	Pelikaan
Penguin	Pinguin
Sparrow	Spear
Stork	Stork
Swan	Swan
Toucan	Toucan

Birthday
Jierdei

Born	Berne
Cake	Cake
Calendar	Kalinder
Candles	Kearsen
Cards	Karten
Celebration	Feest
Day	Dei
Fun	Wille
Gift	Jefte
Great	Grut
Happy	Lokkich
Invitations	Uitnogings
Song	Liet
Special	Spesjaal
Time	Tiid
To Learn	Leare
Wisdom	Wysheid
Year	Jier
Young	Jong

Boats
Boaten

Anchor	Anker
Buoy	Boeje
Canoe	Kano
Crew	Bemanning
Engine	Motor
Ferry	Ferry
Kayak	Kayak
Lake	Mar
Mast	Mêst
Nautical	Nautical
Ocean	Oseaan
Raft	Flot
River	Rivier
Rope	Tou
Sailboat	Sylboat
Sailor	Seeman
Sea	See
Yacht	Jacht

Books
Boeken

Adventure	Aventoer
Author	Skriuwer
Collection	Samling
Context	Kontekst
Duality	Dualiteit
Historical	Historyk
Humorous	Humoristysk
Inventive	Inventief
Literary	Literyk
Narrator	Forteller
Novel	Roman
Page	Side
Poem	Gedicht
Poetry	Poëzy
Reader	Lêzer
Relevant	Relevant
Series	Searje
Story	Ferhaal
Tragic	Tragysk
Written	Skreaun

Buildings
Gebouwen

Apartment	Appartemint
Barn	Barn
Cabin	Kabine
Castle	Kastiel
Cinema	Bioskoop
Embassy	Ambassade
Factory	Fabryk
Hospital	Sikehûs
Hostel	Hostel
Hotel	Hotel
Laboratory	Laboratoarium
Museum	Museum
Observatory	Observatory
School	Skoalle
Stadium	Stadium
Supermarket	Supermerk
Tent	Tinte
Theater	Teater
Tower	Toer
University	Universiteit

Camping
Camping

Adventure	Aventoer
Animals	Dieren
Cabin	Kabine
Canoe	Kano
Compass	Kompas
Fire	Fjoer
Forest	Wâld
Fun	Wille
Hammock	Hammock
Hat	Hoed
Hunting	Jacht
Insect	Ynsekt
Lake	Mar
Map	Map
Moon	Moanne
Mountain	Berch
Nature	Natuer
Rope	Tou
Tent	Tinte
Trees	Bemen

Castles
Kastielen

Armor	Armor
Catapult	Catapult
Crown	Kroan
Dragon	Draak
Dynasty	Dynasty
Empire	Empire
Feudal	Feudal
Fortress	Festing
Horse	Hynder
Kingdom	Keninkryk
Knight	Ridder
Moat	Moat
Noble	Edel
Palace	Paleis
Prince	Prins
Princess	Prinsesse
Sword	Swurd
Tower	Toer
Wall	Muorre

Cats
Cats

Crazy	Gek
Curious	Nugerjocht
Fast	Fluch
Funny	Grappich
Fur	Pels
Hunter	Jager
Independent	Ûnôfhinklik
Little	Lyts
Mouse	Mûs
Paw	Paw
Sleep	Sliep
Tail	Sturt
Wild	Wyld
Yarn	Yarn

Championship
Kampioenskip

Champion	Kampioen
Championship	Kampioenskip
Coach	Coach
Finalist	Finalist
Games	Wedstriid
Judge	Rjochter
Medal	Medalje
Motivation	Motivaasje
Performance	Optreden
Sports	Sport
Strategy	Strategy
Team	Ploech
Tournament	Toernoai
Victory	Oerwinning

Chess
Skaken

Black	Swart
Champion	Kampioen
Contest	Wedstrijd
Diagonal	Diagonal
Game	Wedstriid
King	Kening
Opponent	Tsjinstander
Passive	Passyf
Player	Spiler
Points	Punten
Queen	Keninginne
Rules	Regels
Sacrifice	Opoffering
Strategy	Strategy
Time	Tiid
To Learn	Leare
Tournament	Toernoai
White	Wyt

Chocolate
Sûkelade

Antioxidant	Antioksidant
Aroma	Geur
Bitter	Bitter
Calories	Calories
Caramel	Karamel
Coconut	Coconut
Delicious	Hearlik
Exotic	Eksoatysk
Favorite	Favoryt
Ingredient	Ingredient
Peanuts	Apenútsjes
Quality	Kwaliteit
Recipe	Resept
Sugar	Sûker
Sweet	Swiet
Taste	Smaak

Circus
Sirkus

Acrobat	Acrobat
Animals	Dieren
Balloons	Ballons
Costume	Kostúm
Elephant	Oaljefant
Juggler	Juggler
Lion	Liuw
Magic	Magic
Magician	Tsjoender
Monkey	Aap
Music	Muzyk
Show	Show
Spectacular	Spektakulêr
Spectator	Sjouwer
Tent	Tinte
Tiger	Tiger

Climbing
Klimmen

Altitude	Hichte
Atmosphere	Atmosfear
Cave	Grot
Curiosity	Kuriositeit
Expert	Saakkundige
Gloves	Hansjes
Helmet	Helm
Injury	Ferwûning
Map	Map
Narrow	Nau
Physical	Lichaamlik
Stability	Stabiliteit
Strength	Sterkte
Terrain	Terrein
Training	Trening

Clothes
Klean

Apron	Apron
Belt	Belt
Blouse	Blûze
Bracelet	Armband
Coat	Jas
Dress	Jurk
Fashion	Moade
Gloves	Hansjes
Hat	Hoed
Jacket	Jek
Jewelry	Juwielen
Necklace	Ketting
Pajamas	Pajamas
Pants	Broek
Sandals	Sandalen
Scarf	Sjaal
Shirt	Shirt
Shoe	Shoe
Skirt	Rok
Sweater	Sweater

Colors
Kleuren

Beige	Beige
Black	Swart
Blue	Blau
Brown	Brún
Cyan	Syan
Fuchsia	Fuchsia
Green	Grien
Grey	Griis
Orange	Oranje
Pink	Rôze
Purple	Pears
Red	Read
Violet	Fiolet
White	Wyt
Yellow	Giel

Conservation
Behâld

Changes	Feroarings
Climate	Klimaat
Concern	Soarch
Cycle	Syklus
Ecosystem	Ekosystem
Education	Oplieding
Environmental	Milieu
Green	Grien
Health	Sûnens
Natural	Natuerlik
Organic	Biologisk
Pesticide	Pestisid
Pollution	Fersmoarging
Reduce	Ferminderje
Sustainable	Duorsum
Volunteer	Frijwilliger
Water	Wetter

Countries #2
Lannen #2

Albania	Albaanje
Denmark	Denemark
Ethiopia	Etioopje
Greece	Grikelân
Haiti	Haïty
Jamaica	Jamaika
Japan	Japan
Laos	Laos
Lebanon	Libanon
Liberia	Libearia
Mexico	Meksiko
Nepal	Nepal
Nigeria	Nigearia
Pakistan	Pakistan
Russia	Ruslân
Somalia	Somaalje
Sudan	Sûdan
Syria	Syrje
Uganda	Uganda
Ukraine	Ukraïne

Dance
Dûnsje

Academy	Akademy
Art	Keunst
Body	Lichem
Choreography	Koreografy
Classical	Klassyk
Cultural	Kultureel
Culture	Kultuer
Emotion	Emoasje
Grace	Graasje
Jump	Springe
Movement	Beweging
Music	Muzyk
Partner	Kompanjon
Posture	Postuer
Rhythm	Ritme
Traditional	Tradisjoneel
Visual	Fisueel

Days and Months
Dagen en Moannen

April	April
August	Augustus
Calendar	Kalinder
February	Febrewaris
Friday	Freed
January	Jannewaris
July	July
March	Maart
Monday	Moandei
Month	Moanne
November	Novimber
October	Oktober
Saturday	Sneon
September	Spetimber
Sunday	Snein
Thursday	Tongersdei
Tuesday	Tiisdei
Wednesday	Woansdei
Week	Wike
Year	Jier

Dinosaurs
Dinosaurussen

Disappearance	Ferdwining
Earth	Ierde
Enormous	Enoarm
Evolution	Evolúsje
Large	Grut
Mammoth	Mammot
Omnivore	Omnivore
Powerful	Krêftich
Prehistoric	Prehistoryk
Prey	Proai
Reptile	Reptiel
Size	Grutte
Tail	Sturt
Vicious	Vicious

Driving
Driving

Accident	Ûngelok
Brakes	Remmen
Car	Auto
Danger	Gefaar
Driver	Sjauffeur
Fuel	Brânstof
Garage	Garaazje
Gas	Gas
Map	Map
Motor	Motor
Motorcycle	Motorfyts
Pedestrian	Futatrian
Police	Plysje
Road	Wei
Safety	Feilichheid
Speed	Faasje
Street	Strjitte
Traffic	Ferkear
Truck	Frachtauto
Tunnel	Tunnel

Ecology
Ekology

Climate	Klimaat
Communities	Gemieningen
Diversity	Diversiteit
Drought	Droechte
Fauna	Fauna
Flora	Flora
Marine	Marine
Mountains	Bergen
Natural	Natuerlik
Nature	Natuer
Plants	Planten
Resources	Bronnen
Survival	Oerlibjen
Sustainable	Duorsum
Variety	Fariaasje
Vegetation	Vegetasje
Volunteers	Frijwilligers

Emotions
Emoasjes

Anger	Lilkens
Boredom	Ferfeling
Calm	Kalm
Fear	Bangens
Grateful	Tankber
Joy	Freugde
Kindness	Kinnelikheid
Love	Leafde
Peace	Frede
Sadness	Fertriet
Satisfied	Tefreden
Surprise	Ferrassing
Sympathy	Sympaty
Tenderness	Tenderness
Tranquility	Rust

Exploration
Exploration

Activity	Aktiviteit
Animals	Dieren
Courage	Moed
Cultures	Kultueren
Determination	Faststelling
Discovery	Ûntdekking
Distant	Fier
Exhaustion	Útputting
Language	Taal
New	Nij
Space	Rûmte
Terrain	Terrein
To Learn	Leare
Travel	Reizgje
Unknown	Ûnbekend
Wild	Wyld

Family
Famylje

Ancestor	Foarâlder
Aunt	Muoike
Brother	Broer
Child	Bern
Childhood	Bernetiid
Cousin	Omkesizze
Daughter	Dochter
Father	Heit
Grandchild	Kleinbein
Grandfather	Pake
Grandson	Pakesizzer
Husband	Man
Maternal	Maternal
Mother	Mem
Nephew	Omkesizzer
Niece	Nije
Paternal	Paternal
Sister	Suster
Uncle	Omke
Wife	Frou

Farm #1
Boerderij #1

Agriculture	Lânbou
Bee	Bee
Calf	Keal
Cat	Kat
Chicken	Hin
Cow	Ko
Crow	Crow
Dog	Hûn
Donkey	Ezel
Fence	Stek
Fertilizer	Fertilizer
Field	Fjild
Flock	Flock
Goat	Geit
Hay	Hea
Honey	Huning
Horse	Hynder
Rice	Rys
Seeds	Seeds
Water	Wetter

Farm #2
Boerderij #2

Animals	Dieren
Barley	Koarn
Barn	Barn
Corn	Nôt
Duck	Eend
Farmer	Boer
Food	Iten
Fruit	Fruit
Irrigation	Yrrigaasje
Lamb	Laam
Llama	Llama
Meadow	Greide
Milk	Molke
Ripe	Ryp
Sheep	Skiep
Shepherd	Herder
Tractor	Trekker
Vegetable	Griente
Wheat	Weet

Fishing
Fishing

Bait	Aas
Basket	Koer
Beach	Strân
Boat	Boat
Cook	Kok
Exaggeration	Overdrachting
Fins	Finnen
Gills	Gillen
Hook	Hoek
Jaw	Jaw
Lake	Mar
Ocean	Oseaan
Patience	Geduld
River	Rivier
Season	Seizoen
Water	Wetter
Weight	Gewicht

Flowers
Blommen

Bouquet	Boeket
Clover	Klover
Daisy	Daisy
Dandelion	Dandelion
Gardenia	Gardenia
Hibiscus	Hibiscus
Jasmine	Jasmine
Lavender	Lavendel
Magnolia	Magnolia
Orchid	Orchidee
Passionflower	Passionflower
Petal	Petal
Poppy	Poppy
Rose	Roas
Sunflower	Sinnebloem
Tulip	Tulp

Food #1
Iten #1

Apricot	Abrikoas
Barley	Koarn
Basil	Basil
Carrot	Wortel
Cinnamon	Kaniel
Garlic	Knoflik
Juice	Sop
Lemon	Sitroen
Milk	Molke
Onion	Sipel
Peanut	Peanut
Pear	Par
Salad	Salad
Salt	Sâlt
Spinach	Spinazy
Strawberry	Aardbei
Sugar	Sûker
Tofu	Tofu
Tuna	Tuna
Turnip	Turnip

Food #2
Iten #2

Apple	Appel
Artichoke	Artisjok
Banana	Banaan
Broccoli	Brokkoli
Celery	Selderij
Cheese	Tsiis
Cherry	Kers
Chicken	Hin
Chocolate	Sûkelade
Egg	Aai
Eggplant	Auplant
Fish	Fisk
Grape	Drúf
Ham	Ham
Kiwi	Kiwi
Mushroom	Mushroom
Rice	Rys
Tomato	Tomaat
Wheat	Weet
Yogurt	Jogurt

Fruit
Fruit

Apple	Appel
Apricot	Abrikoas
Avocado	Avocado
Banana	Banaan
Berry	Berry
Cherry	Kers
Coconut	Coconut
Grape	Drúf
Guava	Guava
Kiwi	Kiwi
Lemon	Sitroen
Mango	Mango
Melon	Meloen
Nectarine	Nectarine
Orange	Oranje
Papaya	Papaya
Peach	Peach
Pear	Par
Pineapple	Ananas
Raspberry	Framboas

Garden
Tún

Bench	Bank
Bush	Bush
Fence	Stek
Flower	Blom
Garage	Garaazje
Garden	Tún
Grass	Gers
Hammock	Hammock
Hose	Slang
Pond	Fiver
Rake	Rake
Rocks	Rotsen
Soil	Ierde
Terrace	Terras
Trampoline	Trampoline
Tree	Beam

Geography
Geografy

Altitude	Hichte
Atlas	Atlas
City	Stêd
Continent	Kontinint
Country	Lân
Hemisphere	Healrûn
Island	Eilân
Latitude	Breedte
Map	Map
Meridian	Meridian
Mountain	Berch
North	Noard
Ocean	Oseaan
Region	Regio
River	Rivier
Sea	See
South	Súd
Territory	Gebiet
West	West
World	Wrâld

Geology
Geology

Acid	Acid
Calcium	Kalsium
Cavern	Cavern
Continent	Kontinint
Coral	Koraal
Crystals	Kristallen
Earthquake	Ierdskodding
Erosion	Erosje
Fossil	Fossyl
Geyser	Geyser
Lava	Lava
Layer	Laach
Minerals	Mineralen
Plateau	Plateau
Quartz	Kwarts
Salt	Sâlt
Stalactite	Stalactite
Stalagmites	Stalagmiten
Stone	Stien
Volcano	Fulkaan

Hair Types
Haarsoarten

Bald	Keal
Black	Swart
Blond	Blond
Braided	Flechte
Brown	Brún
Colored	Kleurde
Curls	Krullen
Curly	Krullik
Dry	Droech
Gray	Griis
Healthy	Sûn
Long	Lang
Short	Koart
Silver	Sulver
Smooth	Glêd
Soft	Sêft
Thick	Dik
Thin	Tin
White	Wyt

Herbalism
Herbalism

Aromatic	Aromatic
Basil	Basil
Beneficial	Benefisiel
Culinary	Kulinary
Fennel	Fennel
Flavor	Smaak
Flower	Blom
Garden	Tún
Garlic	Knoflik
Green	Grien
Ingredient	Ingredient
Lavender	Lavendel
Marjoram	Marjoram
Mint	Mint
Oregano	Oregano
Parsley	Petersleie
Plant	Fabryk
Rosemary	Rosemary
Saffron	Saffron
Tarragon	Tarragon

Hiking
Hiking

Animals	Dieren
Camping	Kampje
Cliff	Klif
Climate	Klimaat
Heavy	Swier
Map	Map
Mountain	Berch
Nature	Natuer
Orientation	Oriëntasje
Parks	Parken
Preparation	Tarieding
Stones	Stenen
Summit	Top
Sun	Sinne
Tired	Wurch
Water	Wetter
Wild	Wyld

House
Hûs

Attic	Attic
Basement	Kelder
Broom	Broom
Curtains	Gerdinen
Door	Doar
Fence	Stek
Fireplace	Stookplak
Floor	Flier
Furniture	Meubilêr
Garage	Garaazje
Garden	Tún
Kitchen	Koken
Lamp	Lampe
Library	Biblioteek
Mirror	Spegel
Roof	Dak
Room	Keamer
Shower	Dûs
Wall	Muorre
Window	Finster

Human Body
Lichem

Ankle	Ankels
Blood	Bloed
Bones	Bienke
Brain	Harsens
Chin	Kin
Ear	Ear
Elbow	Earmtakke
Face	Gesicht
Finger	Finger
Hand	Hân
Head	Holle
Heart	Hert
Jaw	Jaw
Knee	Knibbel
Leg	Skonk
Mouth	Mûle
Neck	Nekke
Nose	Noas
Shoulder	Skouder
Skin	Fel

Insects
Ynsekten

Ant	Ant
Aphid	Aphid
Bee	Bee
Beetle	Beetle
Butterfly	Flinter
Cicada	Cicada
Cockroach	Kakkerlak
Dragonfly	Libel
Flea	Flea
Grasshopper	Grasshopper
Ladybug	Ljiebetje
Larva	Larva
Locust	Lokust
Mantis	Mantis
Mosquito	Mug
Moth	Mot
Termite	Termite
Wasp	Wasp
Worm	Wjirm

Landscapes
Lânskippen

Beach	Strân
Cave	Grot
Desert	Woastyn
Geyser	Geyser
Glacier	Gletsjer
Hill	Heuvel
Iceberg	Iceberg
Island	Eilân
Lake	Mar
Mountain	Berch
Oasis	Oasis
Ocean	Oseaan
Peninsula	Skiereilân
River	Rivier
Sea	See
Swamp	Sompe
Tundra	Tundra
Valley	Delte
Volcano	Fulkaan
Waterfall	Wetterfal

Literature
Literatuer

Analogy	Analogy
Analysis	Analyse
Anecdote	Anekdote
Author	Skriuwer
Biography	Biografy
Comparison	Fergeliking
Conclusion	Konklúzje
Description	Beskriuwing
Dialogue	Dialoog
Fiction	Fikje
Metaphor	Metafoar
Narrator	Forteller
Novel	Roman
Poem	Gedicht
Poetic	Poetyk
Rhyme	Ryme
Rhythm	Ritme
Style	Styl
Theme	Tema
Tragedy	Trageedzje

Mammals
Sûchdieren

Bear	Bear
Beaver	Beaver
Bull	Bolle
Cat	Kat
Coyote	Coyote
Dog	Hûn
Dolphin	Dolfyn
Elephant	Oaljefant
Fox	Fokse
Giraffe	Sjiraffe
Gorilla	Gorilla
Horse	Hynder
Kangaroo	Kangaro
Lion	Liuw
Monkey	Aap
Rabbit	Knyn
Sheep	Skiep
Whale	Walfisk
Wolf	Wolf
Zebra	Zebra

Math
Math

Arithmetic	Aritmetic
Circumference	Omkring
Decimal	Desimaal
Diameter	Diameter
Division	Ferdieling
Equation	Fergeliking
Fraction	Brekje
Geometry	Geometry
Parallel	Parallel
Perimeter	Perimeter
Perpendicular	Perpendicular
Polygon	Polygon
Rectangle	Rectangle
Square	Fjouwerkant
Sum	Som
Symmetry	Symmetry
Triangle	Driehoek
Volume	Folume

Measurements
Ofmjittings

Byte	Byte
Centimeter	Sintimeter
Decimal	Desimaal
Degree	Graad
Depth	Djipte
Gram	Gram
Height	Hichte
Inch	Inch
Kilogram	Kilogram
Kilometer	Kilometer
Length	Lingte
Liter	Liter
Mass	Mis
Meter	Meter
Minute	Minút
Ounce	Ounce
Quart	Kwart
Ton	Ton
Volume	Folume
Weight	Gewicht

Meditation
Meditaasje

Acceptance	Akseptaasje
Attention	Oandacht
Awake	Wekker
Breathing	Reading
Calm	Kalm
Clarity	Dúdlikens
Compassion	Begrutsjen
Emotions	Emosjes
Gratitude	Gratitude
Kindness	Kinnelikheid
Mental	Mental
Mind	Geast
Movement	Beweging
Music	Muzyk
Nature	Natuer
Peace	Frede
Perspective	Perspektyf
Silence	Stilte
Thoughts	Tinden
To Learn	Leare

Musical Instruments
Muzykynstruminten

Banjo	Banjo
Bassoon	Fagot
Cello	Sjolo
Clarinet	Klarinet
Drum	Drum
Flute	Fluit
Gong	Gong
Guitar	Gitaar
Harp	Harp
Mandolin	Mandolin
Oboe	Oboe
Percussion	Perkussje
Piano	Piano
Saxophone	Saksofoan
Tambourine	Tambourine
Trombone	Trombone
Trumpet	Trompet
Violin	Fioele

Mythology
Mytology

Archetype	Archetype
Creation	Kreaasje
Creature	Skepsel
Culture	Kultuer
Disaster	Ramp
Heaven	Himel
Hero	Held
Heroine	Helden
Jealousy	Jaloze
Labyrinth	Labyrint
Legend	Leginde
Lightning	Wjerljocht
Magical	Magysk
Monster	Meunster
Mortal	Dortal
Revenge	Wraak
Strength	Sterkte
Thunder	Tonger
Warrior	Strider

Nature
Natuer

Animals	Dieren
Arctic	Arctic
Beauty	Skientme
Bees	Bijen
Clouds	Wolken
Desert	Woastyn
Dynamic	Dynamyk
Erosion	Erosje
Fog	Fog
Foliage	Foliage
Forest	Wâld
Glacier	Gletsjer
Mountains	Bergen
Peaceful	Friddelige
River	Rivier
Sanctuary	Hillichdom
Tropical	Tropysk
Wild	Wyld

Numbers
Numbers

Decimal	Desimaal
Eight	Acht
Eighteen	Achttjin
Fifteen	Fyftjin
Five	Fiif
Four	Fjier
Fourteen	Fjirtjin
Nine	Njoggen
Nineteen	Njoggentjin
One	Ien
Seven	Sjan
Seventeen	Santjin
Six	Seis
Sixteen	Sechtjin
Ten	Tsien
Thirteen	Trettjin
Three	Trije
Twelve	Tolve
Twenty	Tweintich
Two	Twa

Nutrition
Nutrition

Appetite	Appetyt
Balanced	Balansje
Bitter	Bitter
Calories	Calories
Carbohydrates	Kolhydraten
Choices	Kies
Diet	Dieet
Digestion	Distering
Edible	Eetbaar
Fermentation	Fermentasje
Flavor	Smaak
Health	Sûnens
Healthy	Sûn
Nutrient	Nutrient
Proteins	Proteins
Quality	Kwaliteit
Sauce	Saus
Toxin	Toxin
Vitamin	Vitamin
Weight	Gewicht

Ocean
Oseaan

Algae	Algen
Boat	Boat
Coral	Koraal
Crab	Krab
Dolphin	Dolfyn
Eel	Iel
Fish	Fisk
Jellyfish	Jellyfish
Octopus	Inketfisk
Oyster	Oester
Reef	Reef
Salt	Sâlt
Seaweed	Seeweed
Shark	Haai
Shrimp	Shrimp
Sponge	Spûns
Storm	Stoarm
Tuna	Tuna
Turtle	Skyldpod
Whale	Walfisk

Pets
Pets

Cat	Kat
Claws	Klauwen
Collar	Kraach
Cow	Ko
Dog	Hûn
Fish	Fisk
Food	Iten
Goat	Geit
Hamster	Hamster
Lizard	Lizard
Mouse	Mûs
Parrot	Papeje
Puppy	Puppy
Rabbit	Knyn
Tail	Sturt
Turtle	Skyldpod
Veterinarian	Feterinary
Water	Wetter

Pirates
Piraten

Adventure	Aventoer
Anchor	Anker
Bad	Min
Beach	Strân
Captain	Kaptein
Cave	Grot
Coins	Mynten
Compass	Kompas
Crew	Bemanning
Danger	Gefaar
Flag	Flagge
Gold	Goud
Island	Eilân
Legend	Leginde
Map	Map
Parrot	Papeje
Rum	Rum
Scar	Scar
Sword	Swurd
Treasure	Skat

Plants
Planten

Bamboo	Bamboe
Bean	Bean
Berry	Berry
Blossom	Bloem
Botany	Botany
Bush	Bush
Cactus	Cactus
Fertilizer	Fertilizer
Flora	Flora
Flower	Blom
Foliage	Foliage
Forest	Wâld
Garden	Tún
Grass	Gers
Ivy	Ivy
Moss	Moas
Petal	Petal
Root	Woartel
Tree	Beam
Vegetation	Vegetasje

Professions #1
Beroppen #1

Ambassador	Ambassadeur
Astronomer	Astronoom
Attorney	Advokaat
Banker	Bankier
Cartographer	Kartograaf
Coach	Coach
Dancer	Dûnser
Doctor	Dokter
Editor	Redakteur
Geologist	Geolooog
Hunter	Jager
Jeweler	Juwelier
Lawyer	Advokate
Musician	Muzikant
Pianist	Pianist
Plumber	Leadjitter
Psychologist	Psykoloog
Sailor	Seeman
Tailor	Kleanmakker
Veterinarian	Feterinary

Professions #2
Beroppen #2

Astronaut	Astronaut
Biologist	Biologist
Dentist	Toskedokter
Detective	Detektive
Engineer	Yngenieur
Farmer	Boer
Gardener	Tuinman
Illustrator	Illustrator
Inventor	Útfiner
Journalist	Sjoernalist
Linguist	Taalkundige
Painter	Skilder
Philosopher	Filosof
Photographer	Fotograaf
Physician	Geneesheer
Pilot	Piloat
Researcher	Ondersker
Surgeon	Sjirurch
Teacher	Ûnderwizer
Zoologist	Zooloog

Rainforest
Reinwâld

Amphibians	Amfibyen
Birds	Fûgels
Botanical	Botanische
Climate	Klimaat
Clouds	Wolken
Community	Mienskip
Diversity	Diversiteit
Insects	Ynsekten
Mammals	Sûchdieren
Moss	Moas
Nature	Natuer
Preservation	Behâld
Refuge	Taflecht
Respect	Respekt
Restoration	Restauraasje
Survival	Oerlibjen
Valuable	Waarblik

Restaurant #1
Restaurant #1

Allergy	Allergy
Bowl	Kom
Bread	Bôle
Chicken	Hin
Coffee	Kofje
Dessert	Dessert
Food	Iten
Kitchen	Koken
Knife	Mes
Meat	Fleis
Menu	Menu
Napkin	Servet
Plate	Plaat
Reservation	Reservaat
Sauce	Saus
Spicy	Piscy
Waitress	Kelnerne

Restaurant #2
Restaurant #2

Beverage	Drank
Cake	Cake
Chair	Stoel
Delicious	Hearlik
Dinner	Iten
Fish	Fisk
Fork	Foarke
Fruit	Fruit
Ice	Iis
Lunch	Lunch
Salad	Sale
Salt	Sâlt
Soup	Sop
Spoon	Leppel
Vegetables	Groenten
Waiter	Ober
Water	Wetter

School #1
Skoalle #1

Alphabet	Alfabet
Answers	Antwoorden
Books	Boeken
Chair	Stoel
Classroom	Klaskamer
Desk	Buro
Exams	Eksamen
Folders	Mappen
Fun	Wille
Library	Biblioteek
Lunch	Lunch
Paper	Papier
Pencil	Poatlead
Teacher	Ûnderwizer
To Learn	Leare

School #2
Skoalle #2

Academic	Akademysk
Activities	Aktiviteiten
Backpack	Rucksak
Books	Boeken
Bus	Bus
Calendar	Kalinder
Computer	Kompjûter
Dictionary	Wurdboek
Education	Oplieding
Games	Wedstriid
Grammar	Grammatika
Library	Biblioteek
Literature	Literatuer
Paper	Papier
Pencil	Poatlead
Reading	Lêzing
Science	Wittenskip
Scissors	Skjirre
Teacher	Ûnderwizer
Weekends	Weekends

Science
Wittenskip

Atom	Atoom
Chemical	Gemysk
Climate	Klimaat
Data	Data
Evolution	Evolúsje
Experiment	Eksperimint
Fact	Feit
Fossil	Fossyl
Hypothesis	Hypotese
Laboratory	Laboratoarium
Method	Metoade
Minerals	Mineralen
Nature	Natuer
Observation	Observaasje
Particles	Partikels
Physics	Fysika
Plants	Planten
Scientist	Wetenskapper

Science Fiction
Science Fiction

Books	Boeken
Cinema	Bioskoop
Clones	Klonen
Distant	Fier
Dystopia	Dystopia
Explosion	Eksploazje
Extreme	Ekstreem
Fantastic	Fantastysk
Fire	Fjoer
Futuristic	Futuristisch
Galaxy	Galaxy
Illusion	Yllúzje
Imaginary	Imaginary
Mysterious	Mysterieus
Oracle	Orakel
Planet	Planeet
Robots	Robots
Technology	Technology
Utopia	Utopia
World	Wrâld

Scientific Disciplines
Wittenskiplike Dissiplin

Anatomy	Anatomy
Archaeology	Archeology
Astronomy	Stjerrekunde
Biochemistry	Biochemistry
Biology	Biology
Botany	Botany
Chemistry	Chemistry
Ecology	Ekology
Geology	Geology
Immunology	Immunology
Kinesiology	Kinesiology
Linguistics	Taalkunde
Mechanics	Meganika
Mineralogy	Mineralogy
Neurology	Neurology
Physiology	Fysiology
Psychology	Psychology
Sociology	Sosiology
Thermodynamics	Thermodynamyk
Zoology	Zoology

Shapes
Foarmen

Arc	Arc
Circle	Sirkel
Cone	Kegel
Corner	Hoeke
Cube	Cube
Curve	Bocht
Cylinder	Sylinder
Edges	Ranten
Ellipse	Ellipse
Hyperbola	Hyperbola
Line	Rigel
Oval	Ovaal
Polygon	Polygon
Prism	Prism
Pyramid	Piramide
Rectangle	Rectangle
Side	Side
Square	Fjouwerkant
Triangle	Driehoek

Spices
Spices

Anise	Anis
Bitter	Bitter
Cardamom	Kardemom
Cinnamon	Kaniel
Clove	Klein
Coriander	Koriander
Cumin	Komyn
Curry	Curry
Fennel	Fennel
Flavor	Smaak
Garlic	Knoflik
Ginger	Ginger
Nutmeg	Nutmeg
Onion	Sipel
Paprika	Paprika
Pepper	Piper
Saffron	Saffron
Salt	Sâlt
Sweet	Swiet
Vanilla	Vanilla

Sports
Sport

Athlete	Atleet
Baseball	Honkbal
Basketball	Basketbal
Bicycle	Fyts
Championship	Kampioenskip
Coach	Coach
Game	Wedstriid
Golf	Golf
Gymnasium	Gymnasium
Gymnastics	Gymnastik
Hockey	Hockey
Movement	Beweging
Player	Spiler
Stadium	Stadium
Team	Ploech
Tennis	Tennis
Winner	Winner

Summer
Simmer

Beach	Strân
Books	Boeken
Camping	Kampje
Diving	Dûke
Family	Famylje
Food	Iten
Games	Wedstriid
Garden	Tún
Joy	Freugde
Leisure	Fergese
Music	Muzyk
Relaxation	Ûntspanning
Sandals	Sandalen
Sea	See
Travel	Reizgje
Vacation	Fakânsje

Surfing
Surfen

Athlete	Atleet
Beach	Strân
Champion	Kampioen
Extreme	Ekstreem
Foam	Foam
Fun	Wille
Ocean	Oseaan
Popular	Populêr
Reef	Reef
Speed	Faasje
Stomach	Mage
Strength	Sterkte
Style	Styl
Wave	Weach

Technology
Technology

Browser	Browser
Bytes	Bytes
Camera	Kamera
Computer	Kompjûter
Cursor	Cursor
Data	Data
Digital	Digital
File	Map
Internet	Internet
Message	Berjocht
Screen	Skerm
Security	Feiligens
Software	Software
Statistics	Statistyk
Virtual	Firtual
Virus	Firus

Time
Tiid

Annual	Jierliks
Before	Foar
Calendar	Kalinder
Century	Ieu
Clock	Klok
Day	Dei
Decade	Dekade
Early	Betiid
Future	Takomst
Hour	Oere
Minute	Minút
Month	Moanne
Morning	Moarntiid
Night	Nacht
Noon	Middei
Now	No
Soon	Gau
Today	Hjoed
Week	Wike
Year	Jier

To Fill
Folje

Bag	Pûde
Barrel	Barrel
Basket	Koer
Bottle	Flesse
Box	Doaze
Bucket	Amer
Drawer	Drawer
Envelope	Envelope
Folder	Folder
Packet	Pakke
Pocket	Bûse
Suitcase	Koffer
Tub	Tobbe
Tube	Tube
Vase	Faas

Tools
Tools

Axe	Bile
Cable	Kabel
Glue	Lym
Hammer	Hammer
Knife	Mes
Ladder	Ljier
Pliers	Pliers
Rope	Tou
Ruler	Hearsker
Scissors	Skjirre
Screw	Skroef
Stapler	Nietmaker
Torch	Fakkel
Wheel	Wiel

Town
Stêd

Airport	Fleanfjild
Bakery	Bakkerij
Bank	Bank
Bookstore	Boekwinkel
Cinema	Bioskoop
Clinic	Klinyk
Florist	Bloemist
Gallery	Galery
Hotel	Hotel
Library	Biblioteek
Market	Merk
Museum	Museum
Pharmacy	Apteek
School	Skoalle
Stadium	Stadium
Store	Winkel
Supermarket	Supermerk
Theater	Teater
University	Universiteit
Zoo	Zoo

Toys
Toys

Airplane	Fleanje
Ball	Bal
Bicycle	Fyts
Boat	Boat
Books	Boeken
Car	Auto
Chess	Schaak
Clay	Klaai
Doll	Pop
Drums	Drums
Favorite	Favoryt
Games	Wedstriid
Imagination	Ferbylding
Kite	Kite
Robot	Robot
Train	Trein
Truck	Frachtauto

Vacation #1
Fakânsje #1

Airplane	Fleanje
Backpack	Rucksak
Car	Auto
Currency	Muntsoarte
Customs	Dûane
Expedition	Ekspedysje
Itinerary	Reisreis
Lake	Mar
Museum	Museum
Relaxation	Ûntspanning
Suitcase	Koffer
Tourist	Toerist
Tram	Tram
Umbrella	Paraplu

Vacation #2
Fakânsje #2

Airport	Fleanfjild
Beach	Strân
Camping	Kampje
Destination	Bestimming
Foreign	Frjemd
Foreigner	Bûtenlanner
Hotel	Hotel
Island	Eilân
Journey	Reis
Leisure	Fergese
Map	Map
Mountains	Bergen
Passport	Paspoart
Restaurant	Restaurant
Sea	See
Taxi	Taksy
Tent	Tinte
Train	Trein
Transportation	Transport
Visa	Visa

Vegetables
Griente

Artichoke	Artisjok
Broccoli	Brokkoli
Carrot	Wortel
Cauliflower	Bloemkool
Celery	Selderij
Cucumber	Komkommer
Eggplant	Auplant
Garlic	Knoflik
Ginger	Ginger
Mushroom	Mushroom
Onion	Sipel
Parsley	Petersleie
Pea	Pea
Pumpkin	Pompoen
Radish	Radisj
Salad	Sale
Shallot	Shallot
Spinach	Spinazy
Tomato	Tomaat
Turnip	Turnip

Vehicles
Vehicles

Airplane	Fleanje
Ambulance	Ambulansje
Bicycle	Fyts
Boat	Boat
Bus	Bus
Car	Auto
Caravan	Caravan
Ferry	Ferry
Helicopter	Helikopter
Motor	Motor
Raft	Flot
Rocket	Raket
Scooter	Scooter
Submarine	Submaterij
Subway	Metro
Taxi	Taksy
Tires	Banen
Tractor	Trekker
Train	Trein
Truck	Frachtauto

Virtues #1
Deugden #1

Artistic	Artistyk
Charming	Sjarmant
Clean	Skjin
Confident	Wis
Curious	Nugerjocht
Decisive	Beslissende
Efficient	Effisjint
Funny	Grappich
Generous	Generous
Good	Goed
Helpful	Behelpsum
Independent	Ûnôfhinklik
Intelligent	Yntelligint
Patient	Geduldich
Practical	Praktysk
Reliable	Betrouwbaar
Wise	Wiis

Visual Arts
Byldzjende Keunst

Architecture	Boukunde
Artist	Artyste
Chalk	Kryt
Clay	Klaai
Composition	Komposisjon
Creativity	Kreativiteit
Easel	Easel
Film	Film
Masterpiece	Masterstik
Painting	Skilderij
Pen	Pinne
Pencil	Poatlead
Perspective	Perspektyf
Photograph	Foto
Portrait	Portret
Sculpture	Skulptuer
Wax	Waaks

Water
Wetter

Canal	Kanaal
Damp	Damp
Evaporation	Evaporasje
Flood	Floed
Frost	Froast
Geyser	Geyser
Humidity	Fochtigheid
Hurricane	Orkaan
Ice	Iis
Irrigation	Yrrigaasje
Lake	Mar
Moisture	Focht
Monsoon	Moonsoon
Ocean	Oseaan
Rain	Rein
River	Rivier
Shower	Dûs
Snow	Snie
Soaked	Wekje

Weather
Wetter

Atmosphere	Atmosfear
Calm	Kalm
Climate	Klimaat
Cloud	Wolk
Drought	Droechte
Dry	Droech
Fog	Fog
Hurricane	Orkaan
Ice	Iis
Lightning	Wjerljocht
Monsoon	Moonsoon
Polar	Polar
Rainbow	Reinbôge
Sky	Himel
Storm	Stoarm
Temperature	Temperatuer
Thunder	Tonger
Tornado	Tornado
Tropical	Tropysk
Wind	Wyn

Congratulations

You made it!

We hope you enjoyed this book as much as we enjoyed making it. We do our best to make high quality games.
These puzzles are designed in a clever way for you to learn actively while having fun!

Did you love them?

A Simple Request

Our books exist thanks your reviews. Could you help us by leaving one now?

Here is a short link which will take you to your order review page:

BestBooksActivity.com/Review50

MONSTER CHALLENGE!

Challenge #1

Ready for Your Bonus Game? We use them all the time but they are not so easy to find. Here are **Synonyms**!

Note 5 words you discovered in each of the Puzzles noted below (#21, #36, #76) and try to find 2 synonyms for each word.

Note 5 Words from *Puzzle 21*

Words	Synonym 1	Synonym 2

Note 5 Words from *Puzzle 36*

Words	Synonym 1	Synonym 2

Note 5 Words from *Puzzle 76*

Words	Synonym 1	Synonym 2

Challenge #2

Now that you are warmed-up, note 5 words you discovered in each Puzzle noted below (#9, #17, #25) and try to find 2 antonyms for each word. How many lines can you do in 20 minutes?

Note 5 Words from **Puzzle 9**

Words	Antonym 1	Antonym 2

Note 5 Words from **Puzzle 17**

Words	Antonym 1	Antonym 2

Note 5 Words from **Puzzle 25**

Words	Antonym 1	Antonym 2

Challenge #3

Wonderful, this monster challenge is nothing to you!

Ready for the last one? Choose your 10 favorite words discovered in any of the Puzzles and note them below.

1.	6.
2.	7.
3.	8.
4.	9.
5.	10.

Now, using these words and within a maximum of six sentences, your challenge is to compose a text about a person, animal or place that you love!

Tip: You can use the last blank page of this book as a draft!

Your Writing:

Explore a Unique Store
Set Up **FOR YOU!**

BestActivityBooks.com/**TheStore**

Designed for Entertainment!

Light Up Your Brain With Unique **Gift Ideas**.

Access **Surprising** And **Essential Supplies!**

CHECK OUT OUR MONTHLY SELECTION NOW!

- Expertly Crafted Products -

NOTEBOOK:

SEE YOU SOON!

Linguas Classics Team

BESTACTIVITYBOOKS.COM/FREEGAMES